守边界 不越界

谷雨 编著

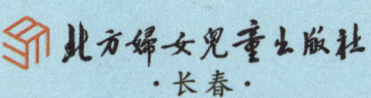

北方妇女儿童出版社
·长春·

版权所有　侵权必究

图书在版编目（CIP）数据

守边界　不越界 / 谷雨编著. -- 长春：北方妇女儿童出版社，2025.7. -- ISBN 978-7-5585-9588-2

Ⅰ. C912.11-49

中国国家版本馆CIP数据核字第2025HA5779号

守边界　不越界
SHOU BIANJIE　BU YUEJIE

出 版 人	师晓晖
责任编辑	孙　鸿
装帧设计	韩海静
开　　本	710mm×1000mm　1/16
印　　张	8
字　　数	90千字
版　　次	2025年7月第1版
印　　次	2025年7月第1次印刷
印　　刷	三河市南阳印刷有限公司
出　　版	北方妇女儿童出版社
发　　行	北方妇女儿童出版社
地　　址	长春市福祉大路5788号
电　　话	总编办：0431-81629600
定　　价	59.00元

前言

亲爱的小朋友,当你打开这本书时,你或许会好奇:什么是"边界感"?它就像生活中的隐形法则,守护着我们的安全、快乐和尊严。无论是在校园里和同学相处,还是在家里和爸爸妈妈聊天儿,甚至是在网络世界探索,每个人都需要它。它能告诉别人:"这里是我的禁区,绝不允许他人肆意侵犯。"

在生活中,我们常常会遇到这样的场景:同学未经允许拿走你的文具,爸爸妈妈翻看你的日记本,网友要求和你视频聊天儿……在这些时刻,你心里可能会不舒服,但又不知道怎么表达。其实,这就是你的边界感在发出信号:有人正在越过属于你的安全线!本书正是一本教你认识这些"信号",并学会用正确的方式保护自己的书。

全书用有趣的漫画故事和简单易懂的文字,带你深入认识以下几类亟须建立边界感的场景。

身体边界:教会你如何保护自己的身体,拒绝不舒服的触碰,尤其是处于青春期的你们,更加需要捍卫自己的身体边界,维护自己的纯真童年。

心理边界:帮助你分辨别人的语言是温暖的阳光还是冰冷的寒风,学会说"不"来守护好珍贵的童心。

隐私保护：让你知道日记本、小秘密如同珍贵的宝藏，要学会用心守护好自己和家人的隐私。

　　校园生活：教你在教室、操场、社团活动中划出清晰的边界线，既交到好朋友，又不被人欺负。

　　家庭沟通：告诉你如何和爸爸妈妈"谈判"，让他们尊重你的想法，就像朋友般平等地和你对话。

　　虚拟网络：带你识破网络世界的各种陷阱，不随意透露个人信息，安全快乐地冲浪。

　　社交关系：教你分辨真朋友和假朋友，学会在友情中保持独立和自信。

　　陌生人防范：为你开启警惕的"雷达"，识别陌生人的善意或恶意，保护好自己。

　　情感管理：帮助你理解自己的情绪，不被他人的评价左右，做情绪的小主人。

　　每一个故事里的主人公都像你一样，会遇到各种各样的烦恼和困惑。但通过学习边界魔法，他们最终都学会了勇敢地表达自己、保护自己，也收获了真正的尊重和友谊。这些故事里藏着许多实用且简单的小技巧、温暖的小提醒，还有很巧妙的应对方法，帮助你在现实生活中灵活运用。

　　亲爱的小朋友，希望这本书能成为你成长路上的"边界指南"，让你学会用智慧和勇气守护自己的身心；也希望家长和老师们能通过这本书，更好地理解孩子的内心需求，帮助他们建立健康、清晰的边界感。每个人的青春只有一次，别用悔恨和阴郁为童年烂漫的时光买单。读懂这本书，相信益处会伴随你的终生！

目录

第一章 身体边界——不可逾越的底线

同学总对我有"小动作",该忍吗 …………………………… 002

医生检查隐私部位,这正常吗 …………………………… 004

亲戚的举动过分亲密,怎么办 …………………………… 006

体育课被故意碰撞,如何处理 …………………………… 008

"别碰我!"——这些身体接触必须喊停 ………………… 010

第二章 心理边界——原则决不能打折

"不借我抄作业就绝交!"——如何应对威胁式请求 ……… 014

"你必须听我的!"——如何反击控制型朋友 ……………… 016

"你穿这个好土!"——如何面对审美嘲笑 ………………… 018

朋友总让我替他撒谎,怎样守住底线 …………………… 020

"是朋友就送给我"——拒绝物质勒索 …………………… 022

第三章 隐私守护战——秘密与谎言的界限

"这是我们的秘密！"——哪些秘密必须告诉大人 …… 026
被索要家庭地址，该不该说 …… 028
什么叫"祸从口出"，为什么说话要三思 …… 030
被索要私密照，试试这套反套路话术 …… 032
"自来熟"朋友喜欢乱翻我东西，该怎么办 …… 034

第四章 校园生存法则——应对冲突的策略

同学起的外号超难听，忍还是反击 …… 038
集体活动总被针对，是我不够好吗 …… 040
有人说我坏话，如何为自己正名 …… 042
被要求做"分外之事"，我该答应吗 …… 044
总被同学捉弄，有什么好办法 …… 046

第五章 家庭沟通突围——亲人也该有边界感

"我都是为你好！"——算不算"情感绑架" …… 050
如何用自信战胜"别人家的孩子" …… 052
当众被爸妈数落，怎么避免难堪 …… 054

家人分享我的隐私，怎样优雅地回应……………………056
"压岁钱妈妈替你存着"——如何拿回财务自主权………058
总被要求"让着弟弟妹妹"，这公平吗……………………060
爸妈总替我做决定，我该怎么办……………………………062

第六章 网络救赎——虚拟世界的自我保护

网络好友要见面，去还是不去………………………………066
直播间里的"洗脑套路"，该如何应对……………………068
惊！同学群里的分享也会变成陷阱…………………………070
网友询问家庭信息，这合理吗………………………………072
网友借钱，如何识破骗局……………………………………074

第七章 社交进阶——建立正确的性别认知

男生、女生该怎样保持距离…………………………………078
被说"娘娘腔""女汉子"，如何反击语言暴力……………080
喜欢和异性玩就是早恋？那是偏见…………………………082
面对异性表白，教你"不伤人拒绝法"……………………084
最典型的区别对待——"女生必须让着男生"……………086

第八章 风险应对——来自陌生人的危机

被陌生人跟踪，几招儿摆脱危险…………………………090
公园被要求帮忙拍照，有没有"猫儿腻"…………………092
遇到奇怪的"哥哥（姐姐）"，怎样做才最安全…………094
独自在家遇陌生人敲门，回应很关键……………………096
公交车上被故意挤碰，大声抗议对吗……………………098
迷路时该相信"热心路人"吗………………………………100
被陌生人摸头，需要警惕吗………………………………102

第九章 情感公关——情绪与关系管理

朋友总向我倒苦水，我快被压垮了………………………106
绝交后又想和好，如何重建边界…………………………108
和好朋友之间，该不该有自己的"小秘密"……………110
被小团体排挤，这样破解"冷暴力"……………………112
好朋友借钱物不还，如何开口讨要………………………114
"你太优秀，不适合做朋友"——如何化解嫉妒………116
被人欺负了，我该不该报复回去…………………………118

第一章

身体边界
——不可逾越的底线

同学总对我有"小动作",该忍吗

隐秘日记

主人公： 晴晴　　　　**性别：** ♀

2024年7月12日　　星期五　　　　　　　　晴

　　虽然明天就要放假了，但我还是开心不起来。同桌小强总是做些莫名其妙的事，这让我感到非常不舒服。今天，他又把胳膊搭在了我的肩膀上，就好像我是他的"哥们儿"一样。像这样的"小动作"总是不断，比如他在写字时不停地触碰我的胳膊，说话时常靠在我身上。更过分的是，上个星期他还趁我不注意扯我的腰带。这种"玩笑"我真的受够了，我好想换个同桌！

情境解码

作为同学，尤其是同桌之间，难免会有一些"亲密"的接触，但一定要注意区别：是无意，还是别有用心。

青春期的孩子往往懵懂好奇，会用触碰肢体或头发、调侃、开玩笑等方式来试探异性的反应，以吸引对方的关注。也有的孩子会误把肢体的亲近当作"关系好"的表现。假如这样的动作伴随强迫性与侵犯性，就需要引起警惕。

真正健康的互动应建立在双方感到舒适的基础上。如果某个动作让你感到被冒犯、不舒服，这便是身体发出的"警报"。不必不好意思拒绝，所有未经允许的肢体接触都不该被允许，一定要及时说"不"，哪怕是开玩笑，也不可以越界。

该怎么办

假如你不知道如何摆脱同学的"纠缠"，那就对应下面几点采取行动吧！

如何摆脱同学的"纠缠"呢？

1. 当你感觉不适时，用明确的动作拒绝，比如侧身避开、推开对方手臂等。

2. 如果频繁发生，已经给你造成了困扰，就要立即告知老师，将情况描述清楚。

3. 当涉及隐私触碰时，应该当场大声制止，不要犹豫。同时，保留证据（如衣物上的污渍、伤痕），第一时间告诉家长和学校，必要时要联系警方。

医生检查隐私部位，这正常吗

隐秘日记

主人公：露露　　　　　性别：♀

2024 年 3 月 20 日　　　　星期三　　　　　晴

　　今天莫名其妙地感觉肚子痛，不知道是不是吃坏了东西。老师通知了妈妈，她急忙请了假带我去医院做检查。

　　起初，医生只是做了一些常规的检查，并没有发现什么问题。然后，那个男医生说还需要进一步检查，就开了一些检查项目让妈妈去缴费。等妈妈走后，男医生就开始变得有些奇怪了，他让我脱掉衣服和裤子，要给我做检查。我当时很害怕，也顾不上肚子疼，就跑开了。我不知道自己做得对不对，会不会有些小题大做了？

情境解码

所谓"医者仁心",我们往往会对医生的行为深信不疑。但是,就医的目的是医治身体的疾病,而非给心理和身体增加负担。即便是面对医生这样的特殊职业,我们也必须保持警惕,注意保护自己免受非法侵犯。

在医生给我们做检查时,特别是关于隐私部位的检查,尤其要多加留意:检查是否有必要;能否从医生的言行上感受到被尊重和安抚;医生是否存在强迫行为;父母是否知情,有无全程陪伴;环境是否安全,是否拉上屏风或窗帘,有无无关人员在场;医生是否会有意避开不必要的触碰等。

该怎么办

和医生接触时,我们应当有这些防范意识:

1. 尽量避免与医生独处,一定要有家长陪同检查。若家长遇特殊情况(如取检查单)需暂时离开,需确认房门保持开放,且须在家长返回后再进行检查。

2. 提前与父母约定"安全暗号",如果发现异常,或者你觉得疼、害怕,或者有未经允许的触碰和拍摄等行为,要立刻拒绝或大声喊出暗号,比如"妈妈,我要抱抱",暗中向家长求救。

3. 尽可能选择让同性别的医生给自己做隐私部位的检查,并了解每个检查项目的必要性和重要性,避开不必要的检查。

亲戚的举动过分亲密，怎么办

隐秘日记

主人公：松松　　　　性别：♂

2024 年 5 月 13 日　　　星期一　　　阴

　　今天，家里来了一位奇怪的亲戚，说是我远房的叔叔。他一进门就表现得非常热情，搂着我又捏又亲的。

　　尽管我一再说："好了！好了！"但他并没有停下来的意思，依旧用他"热情"的举动表达着对我的喜欢。但我真的接受不了他的方式，我感到十分不自在，就像一只无助的小兔子，被动地接受着这一切。叔叔走后，我一直在想：假如换做别人，遇到这种情况会怎么做，如何才能在不尴尬的情况下，让他知道我很不舒服呢？

情境解码

亲戚见面时越界的"热情",常以爱的名义,忽视对孩子的尊重。比如强行搂抱、亲吻、捏脸、拧耳朵,甚至扒开衣服逗弄等过分的举动。然而,直白的拒绝会让我们陷入"不礼貌"的错觉之中,往往被迫用笑容掩盖不适。

然而,这种越界看似无害,却会对我们造成双重伤害:生理上可能因用力不当导致擦伤、瘀青;心理上则会混淆"亲密"与"侵犯"的界限,削弱自我保护意识。若小朋友们习惯了被随意对待,当面对真正的侵害时,可能误以为"这是正常的"。更深远的影响在于,我们会因害怕破坏"和谐氛围"和"好孩子"的形象而压抑真实的感受,逐渐形成讨好型人格,将他人的情绪凌驾于自身的需求之上。

该怎么办

遇到过分"热情"的亲戚,我们可以这么办:

1. 当亲戚想强行拥抱或亲吻时,可以立刻举起手中的玩具或画作,用其他话题或事物吸引对方的注意,自然地避开亲密接触。

2. 微笑着朝对方摆手,并对他说:"我有点儿怕痒,我们击个掌来代替吧!"用轻松友好的动作替代身体的接触,既不失礼貌,又守住了边界。

体育课被故意碰撞，如何处理

隐秘日记

主人公：松松　　　　性别：♂

2024年6月18日　　　星期二　　　　晴

　　今天天气真是不错，可我却怎么也高兴不起来。因为，今天的体育课上，我的手臂受伤了，幸好伤的是左臂，不然连日记也没法写了。

　　弄成这样都是因为小虎，他总是有意无意地弄伤我，我真怀疑他是不是故意针对我。上次就是因为他和我抢篮球，把我的手指弄伤了。这次更严重，我投篮时他突然冲过来，把我的手臂撞脱臼了。我还撒谎说是我自己不小心摔的，我该不该把真相告诉爸妈和老师呢？真担心他还会把我弄伤……

情境解码

在异性伙伴之间,肢体接触会折射出很多信号,即便是同性伙伴之间的身体接触,也有很多禁忌。这都需要我们多加留意,并且要及时保持边界,避免后续影响的出现。

很多男同学会故意制造和女同学"亲密接触"的机会,比如拉扯头发或衣物、触碰身体。女同学在这种情况下要直截了当地表达抗议和拒绝,让对方知道这种行为不可取。

就算同性伙伴之间,肢体接触也绝非都是安全的。有些同学很没有"分寸感",故意利用体质的优势对他人造成伤害,发生碰撞、撕扯等行为。对于这种"暴力"行为,其本质已经是霸凌的雏形,其危害难以估量。

该怎么办?

面对同学可能带来的伤害,我们就这样做:

1. 拒绝后立刻退到安全距离,如跑到老师的视线范围内或人多的地方,避免和其单独相处或争辩,不给对方继续越界的机会。

2. 立刻与老师或家长沟通,告诉他们具体的细节。

3. 和其他小伙伴建立"安全同盟",约定假如其中一人受到人身攻击或骚扰,其他人则尽快寻求老师或同学的帮助,利用群体的力量保护自己,守住自己的边界。

"别碰我！"
——这些身体接触必须喊停

隐秘日记

主人公：瑶瑶　　　　　性别：♀

2024年8月9日　　　　星期四　　　　雨

今天真是学到了很多，老师给我们讲了一堂别开生面的课——"自己的身体自己做主，不要让别人随意触碰"。

同学们起初听到这个话题，都觉得很害羞。老师说，这是因为我们已经进入了青春期，对于性知识还很懵懂，所以有些人会利用我们这种心理施加侵害，让人一想起来就害怕。老师还告诉我们身体的哪些部位必须建立边界，因为那是我们的"禁区"。

情境解码

在哪些情况下，我们该建立身体边界？

一定要记住：小背心、小内裤盖住的地方，是我们的隐私部位，任何人都不能随便看或碰。如果有人企图用手、玩具触碰胸部、屁股等敏感部位，哪怕隔着衣服，都是坚决不可以的！

如果有人做出捏脸、扯头发、掐手臂或者强行搂抱自己等情况，不管对方是不是故意的，都要立刻制止。

如果你已经明确拒绝了他人的身体接触，对方仍然会时不时地做出这些举动，这也许是在试探你的底线。此时，你必须坚定地说："我已经说过不喜欢了，别再这样！"

如果某种接触让你心跳加速，这就是身体在提醒你"有问题"。记住：喊停不是没礼貌，而是在保护自己！

该怎么办？

遇到令自己不适的身体接触，你应该这么做：

1. 第一时间向对方传达"不满"的信号，如皱眉、直视，一定不要用微笑回应，那会让对方变本加厉。

2. 勇敢地说"不"，并强调"不喜欢""不接受""不可以"，不要怕得罪人，迁就这种行为就是在伤害自己。

3. 留存证据并寻求帮助，不要轻信"开玩笑""不是故意的"等借口，让对方不再冒犯你的最有效方式就是零容忍。

第二章

心理边界
——原则决不能打折

"不借我抄作业就绝交！"
——如何应对威胁式请求

隐秘日记

主人公：小能　　　　　性别：♂

2024年9月25日　　　　星期三　　　　晴

　　我好像又惹小虎生气了……今天早上，他说他忘记带作业了，想要借我的作业抄一下。我知道他一定不是忘带了，而是忘记写了，或者压根儿就不想写作业。

　　我不想借给他，因为这样对他真的一点儿都不好。但是，不借给他他就要生气，还说要跟我绝交。在我心里，真的是把他当作最好的朋友，只为了一份作业就绝交，真的太不值得了。所以，最后我还是借给他了，但我总感觉自己做错了……

情境解码

常以绝交为砝码来提条件的人，本质上是用情感威胁模糊心理边界。这类人并非真正重视友谊，通过制造"被抛弃"的恐惧，把越界作为掌控关系的手段，迫使对方为维持关系放弃自身需求，实则是隐性的"情感勒索"。当我们因害怕冲突而妥协时，就等于放弃了原则，为满足对方的情绪而妥协。

这么做害处很多：将"亲密"等同于"服从"，长此以往，被勒索者的自我会在焦虑中萎缩，勒索者陷入"威胁才能获得关注"的误区，这是一个恶性循环。

面对这种情况，健康的处理方式是建立"情绪自担"的相处原则，让对方知道：我不能为讨好你放弃原则。这并非冷漠，而是表明"我的感受同等重要"，这样才能避免双方的关系滑入"控制与妥协"的不良循环中。

该怎么办？

遇到用友情"威胁"自己的"朋友"，试着这样做：

1. 平静地告诉对方，"你生气是你的选择，但我不能因此而迁就"，避免陷入"他难过＝我错了"的误区。

2. 用表达感受来代替谴责，如用"我觉得很伤心"来代替"你这样不对"，引导对方用尊重他人的方式表达需求。

3. 提前接受"最坏"的结果，告诉自己"真正的朋友不会用决裂逼我妥协"，放弃用讨好来维持情感上的依赖，守住心理底线。

"你必须听我的！"
——如何反击控制型朋友

隐秘日记

主人公：小佳　　　　　性别：♂

2024年3月27日　　　星期三　　　阴

　　今天，我和好朋友芳芳一起去课外班参加活动，但最终又一次不欢而散了。芳芳什么都好，就是为人太强势了，她的口头禅就是"你必须得听我的"。

　　上次做航天模型时，她非要把飞船做成星球大战里的样子。我提了一些想法，她根本不理睬，最后还被同学们笑话，说我们抄袭别人。这一次，她又要一意孤行地把太阳能板装到风力发电机上，根本不顾及那巨大的叶片会不会损坏太阳能板。我真的是没办法，怎样才能让她接受别人的建议？这样的朋友，我该拿她怎么办才好……

情境解码

芳芳属于典型的"控制型"好友，与这类朋友相处，心理边界的崩塌往往是渐进式的：从容忍对方的"小建议"，到习惯于对方的否定，陷入自我怀疑，最后沦为"他说的都对"的情感傀儡。这种关系不仅会消耗你的情绪能量，还会潜移默化地影响你的价值观，使你误以为"被控制就是友情"，在其他关系中也习惯性地讨好、回避冲突。

建立心理的边界十分必要，我们需要守护住自我价值的坐标系。真正的朋友会尊重你独立的人格和想法，不会把你视为"提线木偶"。记住：健康关系中的双方像两棵并肩生长的树，根须交错却各自向阳，而不是像藤蔓那样，遮盖和沿着你的尊严攀缘，这只会让人感到窒息。

该怎么办？

遇到强势、爱控制人的同伴，可以试试这些方法：

1. 学会做自己，是最直接的方式。用自己的方式证明给对方看，用实践来验证谁的想法是对的，不需要争吵和辩论。

2. 即便要反驳对方，也尽量避免用"你"句式，而要多采用"我"句式。通过表达自我的感受，让对方了解，这不是谴责，而是在尝试和对方进行有效的沟通，避免矛盾升级。

"你穿这个好土！"
——如何面对审美嘲笑

隐秘日记

主人公：小能　　　　**性别：♂**

2024年9月5日　　　**星期四**　　　　**晴**

今天虽然阳光明媚，可我却一点儿都开心不起来。我总是被同学嘲笑，他们不是说我"笨手笨脚"，就是嘲笑我"穿得好土"。我真的好想发火，可是又怕同学们因此而疏远我，觉得我开不起玩笑，是个不好相处的人。我不知道该怎么办，只能勉强微笑着，然后默默地走开。

我觉得我很受伤，心里非常难过，他们是看不起我吗？这件衣服是奶奶省吃俭用给我买的，虽然它不贵重，也不是名牌，但在我心里却是最好看的，难道我错了吗？

情境解码

有时，同学间的"小玩笑"也会成为一把无形的小刀，在心里留下深深浅浅的伤口。被嘲笑外貌、成绩或家境，可能会让你变得越来越不自信：上课不敢举手发言，总觉得自己哪里都不好；有的小朋友甚至害怕去学校……长期的情绪压抑也会影响身体健康。长期忍受嘲笑，还会让你怀疑"是不是我真的很差劲"，慢慢失去对他人的信任，把自己封闭起来。

当嘲笑发生时，最明智的做法就是给自己竖起一道保护墙，告诉别人哪些行为是不被允许的。如果反复被嘲笑，更要勇敢地向老师、家长求助，这不是"告状"，而是在保护自己。只有守住心理边界，才能避免让恶意的种子在心里生根发芽，让自己始终保持自信和快乐。

该怎么办？

总是被无端地嘲笑，你最好这样处理：

1. 用明确的态度和话语告诉对方：嘲笑别人是不对的行为。然后不再理会和回应，用这种方式表明他们的行为不会被接受。

2. 在受到嘲笑后，要摆正心态，正视自己的优点，消除负面评价所带来的影响。

3. 不要用"以牙还牙"的方式来回击，这样既不利于相处也不利于自身，要注意修正自己，做到"有则改之，无则加勉"。

朋友总让我替他撒谎，怎样守住底线

隐秘日记

主人公：露露　　　　　性别：♀

2024 年 11 月 25 日　　　星期一　　　雪

今天我怎么也开心不起来，我和好朋友小花又吵架了。

事情是这样的，同学从家里拿来一把非常漂亮的雨伞。今天正赶上我和小花值日，课间操的时候，只剩下我俩在教室里。小花非常喜欢那把伞的图案，便趁同学不在，偷偷地拿起来把玩。谁知，那把雨伞被她弄坏了，她悄悄地放了回去，还让我为她做证，说没人动过雨伞。

我知道那是错的，可是小花是我的好朋友，我又不忍心出卖她，最终还是妥协了。我现在非常后悔……

情境解码

帮忙撒谎看似只是一个小的要求，却对我们的身心有双重的伤害：就眼前来看，撒谎本身会引发愧疚感，可能会在他人询问时产生严重的心理负担，甚至因担心暴露而失眠、焦虑；若谎言被拆穿，双方都将面临不再被信任的后果。从长期来看，一旦默许"为友情撒谎"，双方的心理边界会逐渐模糊，随着这种请求的不断升级，最终坠入不断超越心理边界的深渊。更严重的是，这会让人误以为"维系关系就需要牺牲原则"，在未来的社交中习惯性地放弃底线，成为被操控的"老好人"。

该怎么办

被要求突破原则做事时，这些重点你一定要掌握：

1. 一定要问自己两个问题："这样会不会伤害别人？""这样会不会让我陷入麻烦？"假如你也有错，可以主动坦白并分担后果；假如是他人有错，要尽量劝说对方面对错误，不要选择错上加错的做法。

2. 对好朋友的要求，并不是"来者不拒"地答应，也要有明确的是非观，这是建立心理边界的重要原则。冷静地分析对错和后果，是守住底线的关键。

"是朋友就送给我"
——拒绝物质勒索

隐秘日记

主人公：晴晴　　　　　性别：♀

2024年12月24日　　　星期二　　　　雪

　　今天，我们班举办了以"传递友谊，温暖心灵"为主题的互赠礼物活动，同学们互送一些小礼物，表达对友谊的珍重。我收到了很多小礼物，本来是件令人开心的事情，却被小花的一句话破坏了。有个同学送了我一个精致的音乐盒，我很喜欢，而且里面还是我最喜欢的曲子。小花看见以后也喜欢得不得了，她非要我送给她，还说"如果够朋友，肯定会不假思索地送给我"。没办法，我只好忍痛割爱了，但心里真的超级难过，古人不是说过"君子不夺人所好"吗？

情境解码

以"朋友"之名索要财物的行为，本质上是披着情感外衣的剥削。当对方频繁地说"我们关系这么好，借我点儿钱怎么了""你新买的玩具不送给我就是小气"，这些看似合理的要求，实则是精心设计的心理操控。通过强调"友情"的特殊性，将物质索取包装成"检验感情的标准"，迫使你接受"拒绝就是背叛"的思维。这种勒索会逐渐扭曲你的认知，使你忽略真正的朋友会体谅你的常识，逐渐接受对方不断地突破边界，达到利用友情榨取资源的目的。

该怎么办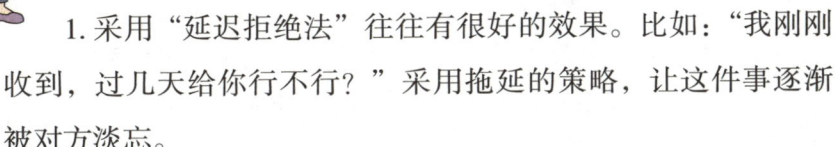

被好友物质勒索，害怕伤感情，可以这样处理：

1. 采用"延迟拒绝法"往往有很好的效果。比如："我刚刚收到，过几天给你行不行？"采用拖延的策略，让这件事逐渐被对方淡忘。

2. 假如对方还是念念不忘，可以委婉地拒绝，或声称"找不到了"或是"忘记了"。这并不是恶意的谎言，而是在暗示对方要有边界感。

3. 即使对方生气，也不要妥协，那样对彼此都没有益处。真正的友情不是用物质来衡量的，互相理解和保持尊重才是对待友谊的态度。

第三章

隐私守护战
——秘密与谎言的界限

"这是我们的秘密！"
——哪些秘密必须告诉大人

隐秘日记

主人公：松松　　　　　**性别**：♂

2024 年 7 月 21 日　　　星期日　　　　晴

　　最近，我认识了一个大哥哥，我觉得他人特别随和，和他在一起玩儿很开心。

　　今天，他说请我喝汽水，只要帮他做一件事就能随便喝。我想都没想就答应了。他带着我来到一个食杂店旁边，他假装进去买东西，让我在外面放风。不一会儿他就出来了，口袋里多了好几瓶汽水，都是我没喝过的口味。

　　后来，我们俩把汽水都喝了，他还跟我说："这是咱俩的小秘密，一定要保密哟！"能一直这样开心，我才不会对别人说呢！

情境解码

如果有人对你说"这件事千万别告诉别人",一定要小心!看似神秘的"保密"背后,可能藏着危险。这些"秘密"可能会让你得到暂时的愉悦感,但"保密"的行为就像糖衣炮弹,会一步步摧毁你的意志,使你不断突破下限,害人害己。

有时,"保密"还可能让你惹上麻烦。比如对方让你转送东西,还嘱咐道:"别告诉警察叔叔或你的家人。"箱子里可能就有危险物品,你帮他隐瞒,就会和他一起犯错。

这种危害很可能会变成长期控制,让你陷入"我知道他的秘密,就得听他的",以后对方就可能让你做更多你不想做的事,甚至是犯罪行为。所以,你必须及时划清界限,远离潜在的麻烦。

该怎么办？

一定要记住,下面这些"秘密",一定要告诉家人:

1. 不管是任何人,如果突然交给你奇怪的包裹、箱子、食物或其他可疑物品时,不要接受,一定要第一时间告诉家人。

2. 有人要求你做坏事,如偷盗、偷窥、赌博等,一定不要保密,要保持远离。

3. 有人威胁和诱导你说出家里的秘密,尤其是关于父母的行程、家庭经济情况等敏感信息时,一定要保密。

4. 有人对你做奇怪的事情,比如摸身体、殴打、语言嘲笑等,一定要告诉父母。

5. 有人对你说"如果你告诉家人,就……"时,一定不要轻信,不告诉家人后果可能更加严重。

被索要家庭地址，该不该说

隐秘日记

主人公：露露　　　　　**性别：♀**

2024年11月11日　　　星期一　　　　晴

　　今天我和小梅相约一起去逛街。我来到一个商场门口，一位笑容可掬的阿姨把我们拦了下来。她拿出几张表格，还从包里掏出漂亮的小玩偶，说这是商场临时做的活动，只要如实填写这些表格，就把小玩偶送给我们。

　　我拿过表格看了看，都是一些个人的基本信息。可是小梅看过之后就把表格还给了阿姨，坚决地拉着我走了。我问她为什么，她特别严肃地说："家庭住址怎么可以轻易告诉别人呢？"可我还是想不明白这是为什么。

情境解码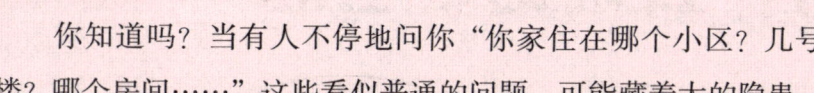

你知道吗？当有人不停地问你"你家住在哪个小区？几号楼？哪个房间……"这些看似普通的问题，可能藏着大的隐患。

其实，家庭住址等信息是事关人身和财产安全的重要隐私，假如被不法分子掌握，很有可能会造成巨大的损失。很多犯罪分子正是利用这些看似有限的信息，达到犯罪的目的。

一旦坏人知道了你的家庭住址，你就等于暴露在了他们的眼皮底下。他们可能会趁你和家人没有防备的时候，实施犯罪活动。

所以，无论对方看起来多么友好，都要在心中亮起"红灯"，对家庭住址等信息守口如瓶。这是对自己和家人最大的保护，也是谁都不能跨越的隐私边界。

该怎么办

关于家庭住址，一定不要轻易透露给他人，你有这些选择：

1. 采用模糊回答法或转移回答法。回答一个根本不存在的地址或把话题转移开，以免不知不觉中被"套话"。

2. 还可以用反问法，反过来问对方住在哪儿，观察对方的反应。假如对方言语含糊或者眼神有躲闪，证明他别有用心，一定要警惕。

什么叫"祸从口出"，为什么说话要三思

隐秘日记

主人公：小星　　　　　　性别：♂

2024年8月22日　　　　　星期四　　　　晴

　　今天是处暑，天气真的好热呀。放学的路上，一位大叔主动跟我聊天儿，问了我很多问题，比如："家里都有什么人？""爸爸妈妈做什么工作？""平时几点上班？"等等。

　　我刚要回答，好朋友龙龙恰巧经过，他说他的皮球被踢到树上去了，需要我帮忙，于是我就跟他走了。等到了没人的地方，龙龙对我说："幸好我来得及时，不然你可能就要犯大错了！"我到现在也没有明白他为什么这么说，我到底犯了什么错误呢？

情境解码

当有人询问你的家庭情况时，心中一定要树立起防范意识，对方也许并不是随口一问，很有可能是精心设计的陷阱。

不管是朋友还是陌生人，向其随意透露家庭成员的信息，很容易成为别人的目标。在了解到你和家人的职业、作息、收入、生活习惯等信息后，骗子有可能冒充各类工作人员骗取信任，然后实施诈骗、抢劫、绑架等严重的犯罪活动。

就连你家的车牌号也不要告诉他人，以免被坏人尾随，造成不必要的损失。一定要谨记：祸从口出。

该怎么办

有些信息一定要守口如瓶，这是在保护自己和家人的财产和生命！要做到以下几点：

1. 避免在公众场合大声谈论家庭情况。如在电梯、公园、商场等场合，不谈论自己的家庭住址、银行卡密码、家人境况等敏感信息，防止被陌生人偷听。

2. 快递盒、水电费单、车票等含有个人信息的单据，用马克笔涂黑或撕碎后再丢弃。快递收货地址最好选择家附近的快递驿站，不要使用真实姓名。

3. 身份证、户口本等证件妥善保管，切不可随意交给他人。

被索要私密照，试试这套反套路话术

隐秘日记

主人公：瑶瑶　　　　　　性别：♀

2024年9月19日　　　　星期四　　　　阴

最近，我们班里流行交笔友。

今天太开心了，突然接到了联系多年的笔友的来信。信中，她说非常感谢我这些年来的支持，很想和我见面，由于路途太远，她无法来到我的城市。为了完成这个心愿，她提议和我交换照片。可我一看，她邮来的照片让人看着都脸红。她要求我也邮寄那样的照片给她，虽然大家都是女生，但我依旧会觉得很害羞，一时也没想好该怎么办。

情境解码

当今社会信息流通迅速，照片等个人信息关乎自己的隐私，为安全起见，不宜随意泄露或转交给他人。

有人可能会用私密照片威胁你，向你索要钱财，或者强迫你做不愿意做的事。如果妥协，对方可能会得寸进尺，让你陷入更大的麻烦。照片传播后，可能会影响你在朋友、家人、同学眼中的形象，导致社交关系变得尴尬、紧张，甚至失去他人的信任。所以，对待个人照片，一定要慎之又慎，不要因为一时好奇和刺激，铤而走险。即便是现实中的朋友、家人提出此类要求，也要坚决拒绝！

该怎么办？

个人影像信息的重要程度并不比家庭信息低，一定要坚守以下原则：

1. 不要轻易尝试拍摄私密照和私密视频，这往往会成为噩梦的开始。

2. 除了做到不拍摄，还要做到不外发。不管是何种渠道，面对哪种人，个人影像都只能提供给必要且正规的渠道，尤其不要在网上散发自己的照片，这是相当不安全的举动。

3. 对于提出拍摄和索要私密照的人，一定不要过多地纠缠，果断地切断联系，这样的人通常没打什么好主意。

"自来熟"朋友喜欢乱翻我东西，该怎么办

隐秘日记

主人公：小明　　　　　　性别：♂

2024年2月28日　　　星期三　　　　小雪

春节虽然过去了，但我从长辈们那里收到了很多礼物，就堆放在家里的储藏室中。小文是我刚认识的朋友，他就住在隔壁单元。小文有个特点，就是很"自来熟"，他头一次来我家做客，就好像到了自己家一样，不是穿着球鞋进屋乱踩，就是东翻翻、西找找。

这不，今天他又不请自来了，刚进门就看到储藏室的门开着，于是跟发现了"新大陆"一样，把里面翻了个遍，把我的那些宝贝礼物折腾得满地都是，临走时还随手借走了两件。看来我今天又要挨骂了……

情境解码

过度"自来熟"的行为往往源于两种心理：一是让对方被动地接受亲密；二是用夸张的热情填补内心的孤独，把社交的压力留给别人。

自来熟的人可能不太懂得与人相处时的边界所在，所以容易做出越界的行为。遇到这种情况，我们可以坦诚地表达自己的真实感受，并告诉对方自己与人相处的原则是什么，哪些行为可以接受，哪些行为不能接受。这样既能取得对方的理解，又能避免引起矛盾。

真正的亲密从不需要用妥协换取，只有坚守自己的边界，才能为真正值得信赖的关系留出生长空间。我们都需要志同道合的朋友关系，只有这样才是最健康的友谊的形态。

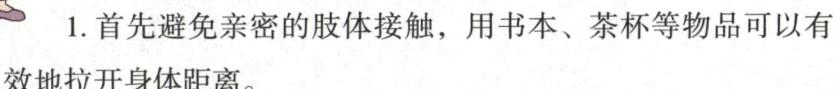

该怎么办

和"自来熟"们相处，可以注重以下原则：

1. 首先避免亲密的肢体接触，用书本、茶杯等物品可以有效地拉开身体距离。

2. 假如对方的话题你并不感兴趣，可以适当减少回应的频率，用"嗯""啊"等短句回复。

3. 尽量减少接触的时长，彼此相见的场所可以选择比较开放的区域。

4. 假如对方提出要求，可以温柔地转移话题，不予应答。

第四章

校园生存法则
——应对冲突的策略

同学起的外号超难听，忍还是反击

隐秘日记

主人公：露露　　　　**性别**：♀

2024 年 10 月 25 日　　　星期五　　　　晴

　　班里的男同学真的是太过分了，专门给别人起外号。课间，我听见后排的男生对着香香叫"四眼妹"，她的眼镜滑到鼻尖，急得直推镜框。

　　我很生气，帮着香香和他们理论，结果他们又给我起了个外号，叫"笨露露"，简直太可气了！我一定要告诉老师，让他们好好反省反省！

情境解码

你有没有发现，班里总有些同学喜欢给别人起外号？

有些同学自己不够自信，就通过嘲笑别人以此显得自己更厉害。比如成绩不好的同学会故意叫学习好的同学"书呆子"。他们以为这样做就能缩小自己和别人的差距，这就叫"补偿心理"。

有些同学以为，跟着大家一起喊外号，就能融入小团体。他们害怕被孤立，所以用这种方式证明"我和大家是一伙儿的"，却忽略了这样也会伤害别人。

还有的同学觉得自己很"完美"，通过给其他同学起外号来显示这种虚假的优越感，并引起其他人的注意，但其本质却是用攻击他人来掩盖自我认同的缺失。

该怎么办

对待给自己起外号的人，可以试试下面的方法：

1. 反问对方："既然你那么喜欢给别人起外号，那我叫你'小话痨'怎么样？"用同样的方式，让其感受不被尊重的感觉。

2. 对于想要引起他人注意的同学，采用忽视的策略似乎更好。既然达不到吸引眼球的目的，他们自然也就会因无趣而停止。

3. 找老师来解决这类问题往往会适得其反，可能会引起这些同学的愤怒，导致报复行为发生。所以要积极尝试划清界限、明确态度，并学会用智慧化解矛盾。

集体活动总被针对，是我不够好吗

隐秘日记

主人公：松松　　　　**性别**：♂

2024 年 8 月 10 日　　　星期六　　　　晴

　　下个星期六，学校要组织一次校外夏令营活动。我很乐意参加这类活动，可是我又很担忧，不想和那些同学接触，因为他们总是刻意针对我。我知道自己笨笨的，但是为什么不能给我一个进步的机会呢？

　　上次植树活动，我前前后后精心准备了好些天，但还是被那些同学嘲笑笨手笨脚，没人愿意和我组队。组长还说我会拖后腿，一直把我晾在一边，也没人替我说话。我该怎么办呢……

情境解码

许多小朋友可能会面临被孤立和排挤的处境。实际上,出现这种情况,很可能是你没有正确把握边界感,给人留下了"好欺负"的印象?回想一下,你是否有被侵犯边界时未能及时反抗的情况。比如,被无理请求或被嘲笑时,你没有坚决地拒绝,而是选择了隐忍,导致他人不断越界,最终成为被排挤的对象。另外,你是否无意中冒犯了他人的边界,比如表现出过度热情,引起他人的不满?还可以想一想,你是否在和他人产生冲突后没有妥当地处理?比如拒绝别人时没有采用合理的方式,因此可能会被贴上不合群的标签。

在处理被针对的情况时,需要找准原因,有针对性地解决问题。

该怎么办

以下是应付"被针对"的情况的破局策略:

1. 摆脱"软柿子"的形象,不能为了融入他人而妥协、讨好,甚至做出违背原则的事情。

2. 可以尝试寻找新的圈子,吸引真正志同道合的朋友。

3. 边界感不是拒人于千里之外,而是清晰地传递"我尊重你,也请你尊重我"的信号。不要盲目地自我怀疑和内耗,把焦虑的时间用来强大自己,自然会得到同频道的人的接纳。

有人说我坏话，如何为自己正名

隐秘日记

主人公：聪聪　　　　　**性别**：♂

2024年4月19日　　　　星期五　　　　雨

　　今天在放学的路上，我不小心听见小强在拐角处说话："聪聪太抠门了，上次借他橡皮没还，他就唠叨半天……"上周三他忘带橡皮，我把备用橡皮借给了他，临放学时提醒了一句"别忘了还"。那是我爸爸从外地给我带回来的橡皮，我一直没舍得用。可在他的嘴里，我的小心思竟成了"小气"。

　　晚上我翻来覆去睡不着，盯着天花板想：好朋友之间不该有话直说吗？真正的朋友会互相包容缺点，而不是在背后抱怨。也许明天我该和小强聊聊了……

情境解码

说人坏话的人往往有自己的小心思。有些人不够自信，就想通过贬低别人来抬高自己；还有些人为了快速融入某个小团体，会把议论别人当作拉近关系的手段。遇到这种情况时，我们首先要明白，别人的评价不等于事实。就像有人说苹果太酸，但苹果不会因此改变它的本质。

有时候，把握不好边界，往往会成为关系中的隐形地雷。你以为的"热情"，可能是他人眼中的"越界"；你自认为的"随和"，或许会被解读为"没有原则"。这些错位的互动往往会引起他人的不满，导致他人在背后议论你。就如同聪聪遇到的情况，他误以为可以和小强无话不说，但实际上正是这种边界上的理解错误，才造成了小强的"抱怨"。所以，这也是我们在日常交往中需要格外注意的。

该怎么办

有人在背后说你坏话，先让自己冷静下来，分析一下情况：

1. 如果对方只是出于偏见，那就不用太往心里去；如果真的是自己的错，就想办法去弥补和改正。

2. 一定不要让自己陷入内耗中，也不必刻意证明自己。假如对方真的让自己很伤心，可以暂时和对方保持距离，靠近让自己感到舒适以及能得到支持的圈子。

被要求做"分外之事",我该答应吗

隐秘日记

主人公： 露露　　　　**性别：** ♀

2024 年 7 月 11 日　　　星期四　　　　晴

　　今天课间，小宁抱着作业本堆到我桌上："露露，帮我发一下作业。我有急事！"我刚要开口拒绝，她已经转身跑远了。看着满满一摞本子，我只能叹口气，先分发起来。

　　类似这样的事已经不是第一次发生了。上周小宁说肚子疼，让我帮她值日；前几天又让我替她写班级日志，总之有各种各样的理由。每次我想拒绝，她就会说"就这一次，下次我自己来"，可"下次"她永远都有新的"急事"。

情境解码

总被要求做分外之事，往往源于边界感模糊。每个人心中都应有一道"隐形的界限"，明确区分他人的责任与自我的义务。当习惯性妥协成为常态，他人会因为请求你的成本很低而不断越界，致使你自身的时间被挤占、精力被消耗，甚至在过度付出中迷失自我的价值。

拒绝类似的请求并不是冷漠，而是在用温和而坚定的态度告诉他人："我的善意有底线，我的时间也是有限的。"学会拒绝不合理的要求，不是自私，而是对自我的尊重与保护。只有守住这份界限，才能为真正重要的事留出空间，让人际关系回归平等与舒适的本质，避免在"无尽的责任"中陷入疲惫与内耗。

该怎么办

总被别人要求做自己分外的事，就要让对方知道你的时间应当由你自己说了算：

1. 可以温和且明确地向对方表示：我也有事在处理。不要为了顾及对方是否会生气而随意牺牲自己的时间。

2. 当你学会说"不"，你会发现，真正的朋友会尊重你，而那些只知道麻烦你的人，也许根本不值得你去花时间维护关系。

总被同学捉弄，有什么好办法

隐秘日记

- **主人公**：萌萌　　　　**性别**：♀
- 2024年3月27日　　　星期三　　　　晴
- 　　小虎真是太可恶了！今天他又开始搞恶作剧了，他居然在我的铅笔盒里放了一只毛毛虫。当时正在上数学课，当我打开铅笔盒时，我忍不住叫出声来，而小虎看到我的反应还在得意地笑。
- 　　我哭了，也不知道是因为惊吓还是委屈。老师一再问我怎么了，因为害怕小虎继续捉弄我，我也只好随便编了个理由，老师这才放心了。我究竟哪里得罪他了？我是不是真的应该告诉老师，让他也吃吃苦头呢？

情境解码

有些同学爱捉弄人，往往源于心理需求的失衡。他们可能因渴望关注而用调侃甚至贬低他人的方式刷存在感；或是通过制造他人的尴尬来掩盖自身的不安，误以为让别人出糗能彰显自己的强大。

在与同学的相处中，正常的玩笑是允许的，但对任何令你感到不适的言行，应当果断地拒绝。真正健康的关系，需要双方在彼此的边界前学会止步与欣赏，而非强行闯入或肆意地破坏。边界感的意义在于让相处回归平等与舒适。只有不越界的温柔，才能让友谊的土壤始终肥沃。

该怎么办？

捉弄人是一种不尊重他人的行为，遇到这种情况不能妥协。

1. 采用反问的方式，让对方感觉到尴尬。比如"你这样捉弄我，是想引起我的注意，还是想让我讨厌你？"迫使对方反思自己行为的出发点，进而产生惭愧的心理。

2. 假如捉弄频繁地发生，可以明确地表达不满。比如"假如你想逗大家开心，那你就去当一个小丑，但我不是。"具体化的表达能让对方更清晰地体会你的感受，比发脾气更有说服力。

第五章

家庭沟通突围

——亲人也该有边界感

"我都是为你好！"
——算不算"情感绑架"

隐秘日记

主人公：松松　　　　　性别：♂

2024年5月12日　　　　星期日　　　　晴

今天妈妈又把我的漫画书收走了，她说："松松，看这些闲书浪费时间。我都是为了你好。"

早上，爸爸把英语单词本塞进我的书包："每天背10个单词，这都是为你好！"可我其实更想在上学路上看看风景。

刚才吃饭时，爸妈开始讨论暑假的补习班，妈妈说："奥数必须补！"爸爸说："编程也不能落下！"好像我的暑假从来没有阳光和树林，只有一张写满"为你好"的课程表。

情境解码

父母就像担心小苗被风雨吹折的园丁,急于用自己的经验搭起温室。于是,他们会把"为你好"当作万能盾牌,试图通过控制孩子规避风险,却忽略了孩子需要不断试错才能更好地成长。

部分父母会将未实现的理想寄托在孩子身上,这种心理源于对自我人生的缺憾,误把孩子的人生当成自我价值的延伸。有的家长因为害怕孩子落后于同龄人,于是以"为你好"的名义,将社会竞争的焦虑转嫁给孩子。

真正能够化解这个矛盾的方法,就是诚恳地和父母沟通,让家长了解自己的想法,为自己争取独立和自主的空间。

该怎么办

1. 先用"共情句式"(我知道+事实+感受)认可父母的关心,再阐述想法。比如:"我知道你们怕我耽误学习,但我都是做完功课才会看漫画书,只是想放松一下。"

2. 用举证法来代替情绪上的对抗。比如:"你们累了也会看看电视剧,就像我学习累了看会儿漫画书休息一下,是一样的。"

3. 在做决定前征求父母的意见,这样可以为自己赢得更多沟通的空间。比如"我打算参加一个兴趣小组,你们帮我参谋一下,怎么才能不影响学习"。

如何用自信战胜"别人家的孩子"

看看别人家的孩子……

看看别人家的家长……

隐秘日记

主人公：大大　　　　　性别：♂

2024 年 4 月 25 日　　　星期四　　　　小雨

　　今天吃晚饭时，妈妈又指着手机屏幕说："你看看人家小宇，钢琴八级都考过了，再看看你……"我看着碗里的排骨，突然没了胃口。上周她说"别人家孩子数学竞赛拿奖"，昨天说"别人家孩子会给父母做饭"，现在连弹钢琴的"别人家的孩子"都来了。

　　可我却想说："别人家的孩子虽然优秀，但我就是我。"假如我是别人家的孩子，我是不是也会变得比现在优秀呢？问题是到底出在我身上，还是出在家长身上呢？

情境解码

"你看看别人家的孩子……"这似乎是所有家长的口头禅。为什么会有这样的比较,多数情况下是因为家长们都被"恨铁不成钢"的思维控制着,却忽略了每个孩子都有自己的优势和长处,只是"别人家的孩子"身上的闪光点更符合家长们的预期而已。

比较的伤害在于会让你误以为父母在嫌弃自己,它可能会因此偷走你做事的动力。但父母的初心并非是否定你,而是害怕你落后于时代的浪潮。他们或许没意识到,最好的教育不是"比别人好",而是"比昨天的自己好"。所以,你不要因为这句话而难过,而是要树立起强大的自信心,不断地超越自己,这样才能让父母看到你的闪光点,在安全感中长出属于自己的翅膀。

该怎么办

试着用这三种方式取得父母的理解:

1. 先认可父母,再指出比较的不合理性。比如:"小刚学习是比我好,但是他有家庭教师呀。"这样可以提醒父母,比较要建立在公平的原则上。

2. 引导家长换位思考。比如:"妈妈,我也想和小刚一样。可是假如我说'你看人家小刚的家长,年薪百万',你会不会难过呢?"

3. 用自信和优势战胜"别人家的孩子"。比如:"妈妈,你看我的数学就比小刚好,估计他妈妈每天也在夸我呢!"

当众被爸妈数落，怎么避免难堪

隐秘日记

主人公：贝贝　　　　　性别：♂

2024年3月20日　　　星期三　　　　晴

　　和亲戚们聚餐本来是一件高兴的事，可是妈妈却当着大家的面说我数学计算粗心，爸爸也跟着批评我上课不认真听讲。所有人的目光都看向我。

　　舅妈想解围，妈妈却翻出手机，不停地数落我的缺点。我盯着玻璃上自己通红的脸，恨不得钻到桌子底下。回家的路上，他们还在讨论给我报计算班，我踢着石子走在最后，路灯把影子拉得老长，像我此刻沉甸甸的心情。

情境解码

爸爸妈妈当众批评你,原因无非有以下几点:一是他们想通过这种场合施加压力,让你知道问题所在,并加以改正;二是他们想释放焦虑,寻求他人的帮助和理解,试图把自身的压力转化成你的动力;三是他们受"挫折教育"观念的影响,误以为当众批评能提高你的"抗压能力"。

此时,选择顶嘴一定不是明智的做法,相反,防范自我怀疑与自卑感的滋生,要比反驳更加重要。不要因为难堪就大发脾气,这样会使沟通变得更加困难。试着心平气和地接受,有理有据地表达,这样才能达到好的沟通效果。

该怎么办

想让父母了解自己的心理边界,可以试试下面几招:

1. 在回复前一定要让自己冷静30秒钟,想好了再开口。要知道,父母的评价并不代表真实的自己,所以更没有必要因此生气或者灰心。

2. 用事实例证和玩笑式的口吻来反驳父母批评的漏洞。比如"妈妈,你忘了上个月我还考了个100分呢?"

3. 事后,可以私下与父母沟通,表达这种方式带给自己的感受和对自己的心理造成的影响,让父母了解自己的"情感边界"是什么。

家人分享我的隐私，怎样优雅地回应

隐秘日记

主人公：晴晴　　　　　性别：♀

2024 年 5 月 22 日　　　星期三　　　　晴

　　今天放学回家，姑妈正和妈妈坐在沙发上聊天儿。两个人聊得热火朝天，不知道什么时候，话题竟然转移到了我的身上。一开始，我对她们聊天儿的内容一点儿都不感兴趣，但听着听着，我渐渐就觉得不对劲儿了。

　　原来，她们竟然在讨论我的日记。天哪！我都不知道妈妈什么时候偷看的，虽然日记里记录的都是一些学校里的琐事，但这样公开谈论我的隐私，也太让我难堪了吧。

　　看来这个新日记本我要好好藏起来，最好再加个密码锁！

情境解码

如果出现家长和别人分享你的隐私这种"越界"的行为,一定是这几种心理在作怪:一是认为"我的孩子没有秘密",没有把你当作独立的个体看待;二是社交需求错位,把你的糗事、小秘密当作社交谈资,想通过这种方式与他人拉近距离;三是过度焦虑,企图通过公开讨论你的问题,获取他人的认同感或建议。

隐私长期被侵犯的孩子容易变得敏感、自卑,甚至因害怕被议论而封闭内心,拒绝与父母沟通。因此,及时申明边界,对于自身的心理健康至关重要。

该怎么办

该怎么告诉父母"要尊重我的隐私"呢?可以试试这些方法:

1. 太激烈的语言可能会让父母伤心,不妨温和地告知父母:"爸爸妈妈,我已经长大了,可不可以给我留一点儿空间呢?"

2. 和父母明确哪些是你的"隐私红线",比如手机、日记本、相册等。

3. 保持一定的分享频率可以降低父母对你的隐私的关注度。另外,当父母谈论起你的隐私时,你可以试着转移话题并委婉地提醒他们。

"压岁钱妈妈替你存着"
——如何拿回财务自主权

隐秘日记

主人公： 涛涛　　　　　**性别：** ♂

2024年2月11日　　　星期二　　　晴

今天刚大年初二，我的压岁钱就离我而去了……它们都被妈妈收走了。

今年的"收获"真的很丰厚，有姨妈给的、姑妈给的，还有叔叔给的、大爷给的……我原本规划得好好的：用一部分买一些课外书；再用一部分换个新书包；玩具什么的就不买了，大伯刚送给我一个超级棒的大飞机；留下一部分灵活运用；其余的都存进我的新储蓄罐。可是现在都成了泡影，我该怎么和妈妈要回我的"财政大权"呢？真是头疼啊！

情境解码

家长没收你的压岁钱，无非是因为你缺乏理财能力，担心你乱花钱。你可以坦诚地与父母沟通，明确压岁钱是自己的财产，并主动制订消费计划，证明你具备理财的能力。

比如，将压岁钱分为"学习基金""储蓄基金""娱乐基金"，用实际行动打消父母的顾虑。这不仅是对你的个人财产的捍卫，更是培养理财能力与独立意识的契机。

当你学会规划收支后，既能减少冲动消费，又能增强自我管理能力。所以，你一定要用正确的方式，尽早让父母了解到你的"财产边界"。

该怎么办

跟父母争取财务自主权，其实十分简单，只要做到以下几点：

1. 列一个详尽的规划表，让父母了解你对压岁钱的分配计划，让他们放心地把钱交给你管理。

2. 在父母心情轻松时（如饭后散步、一起看剧时）提出你的要求，避免在他们忙碌或焦虑时（如刚下班、辅导作业时）提出。

3. 与父母协商，实现"渐进式自主"。可以第一个月掌握30%，第二个月掌握60%，第三个月掌握全部财产。分阶段展示你的理财能力，这样会更具说服力。

总被要求"让着弟弟妹妹",这公平吗

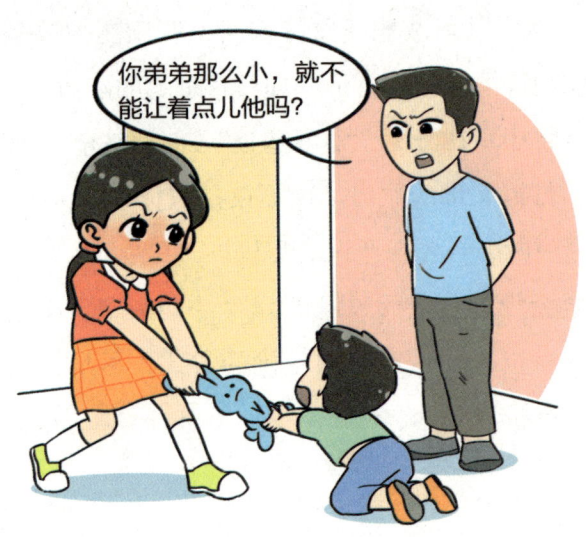

隐秘日记

主人公: 瑶瑶　　　　　　　**性别:** ♀

2024 年 10 月 23 日　　　星期三　　　　　晴

　　真不知道有个弟弟到底是好事还是坏事。对于我来说,弟弟好像就是我的负担,凡事我都得让着他。妈妈说:"好吃的东西要让着弟弟。"爸爸说:"好玩儿的要让弟弟先玩儿。"

　　难道真像同学们说的那样,爸爸妈妈是"重男轻女"的保守派吗?如果真的是因为我比弟弟年长,那能不能让弟弟先长大,这样他就能让着我了。

情境解码

有些家长的认知往往会受到传统观念的影响,认为"年龄大的孩子应该更懂事,应该先让步"。但你要明白,谦让不代表"强制性的牺牲"。我们不能不分对错,一味地忍让,让自己承受委屈。

作为年长的孩子,面对这种情况,你首先要明白"让"不是义务,而是一种选择。如果自己内心不情愿,不必勉强自己。也要学会区分:真正的"让"应该是出于善意,而不是被强迫。假如父母是出于偏袒弟弟妹妹而强制自己忍让,你要学会用适当的方式据理力争。虽然"爱幼"是传统美德,但年龄并不是"懂事"唯一的衡量标准,孩子在"公平"的氛围里才能健康成长。

该怎么办

让父母明白自己的感受和需要,要从以下三个方面出发:

1. 强调公平性,建立边界。你可以说:"这次我让了弟弟,下一次弟弟也要让着我。"

2. 强调后果,提醒父母改变方式。如用柔和的语气告诉父母:"我知道我应该让着弟弟,但那样也可能会惯坏他。是谁的错,谁就应该先道歉。"

3. 强调感受,引起共鸣。你可以对父母说:"如果让我为弟弟做错的事道歉,那样我也会伤心的,我会觉得你们更爱他。"

爸妈总替我做决定，我该怎么办

隐秘日记

主人公：小能　　　　　　性别：♂

2024年7月12日　　　星期五　　　阴转晴

到底我该怎么让爸爸妈妈明白，我已经长大了？为什么每一次他们都听不见我的声音，每一个决定都是由他们来做呢？

今天，老师让我们根据自己的喜好报一个兴趣班。我兴高采烈地回到家，和爸爸妈妈说了这件事情。我很喜欢象棋，所以特别想报象棋班，很多好朋友也报了象棋班。可是爸爸妈妈坚持让我报乒乓球班和吉他班，还抢走了报名表，自作主张地帮我填上了。每天，就连我喜欢吃什么都要由他们做主，我哪里还有自己的想法呀……

情境解码

控制型家长都有一个共同的模式——过度保护孩子。他们坚信"我吃过的盐比你吃过的米还多",把这看作一种保护机制,希望孩子少走弯路。

但其实这种方式恰恰是在妨碍小朋友的身心成长,剥夺了其自由发展的权利。因此,我们应当明确地向父母表达自己的诉求,争取自我决策的权利。即便我们选择错了,也该做好充分的思想准备,勇于承担后果,这是提升决策力、行动力和抗挫力等多种素质必经的过程,绝不可以依赖父母的选择走捷径。有了这个认知,我们才有和父母"谈判"的权利。

该怎么办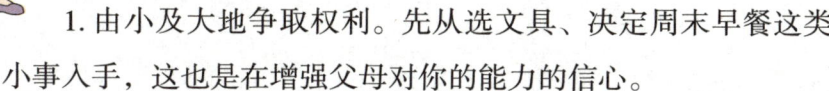

照着下面的方法做,或许能让父母慢慢放手:

1. 由小及大地争取权利。先从选文具、决定周末早餐这类小事入手,这也是在增强父母对你的能力的信心。

2. 争取选择权时,主动做出保证。比如你想自己安排暑假计划,可以说"这次让我试试自己规划,如果我错了,下次就听你们的"。让父母看到你的担当。

3. 做出决定后,定期和父母聊聊你的收获,总结哪些地方做得好,哪些需要改进。用实际成果赢得他们的信任。

第六章

网络救赎
——虚拟世界的自我保护

网络好友要见面，去还是不去

隐秘日记

主人公：**萌萌**   性别：♀

2024 年 8 月 31 日   星期六   晴

    今天刚在社交软件上线，聊了半年的网友小鹿突然说："萌萌，下周我来你的城市玩，咱们见个面吧！"我的心跳快得像是要冲出嗓子眼儿，不知道该回复"好"还是"不好"。

    小鹿特别懂我，我很珍惜她这个朋友。但爸妈总说"网上的人不可信"，新闻里也有网友见面被骗的故事。万一小鹿和聊天儿时不一样，或者遇到其他危险怎么办？或许，我该问问好朋友芳芳，没准儿她能有两全其美的办法。

情境解码

网络世界就像戴着面具的派对，对方展示的形象可能经过精心修饰，你很难看清屏幕背后对方的真实人品与意图。一些别有用心的人会用甜言蜜语和虚假人设接近你，等获取你的信任后再诱导你见面，将你推向危险的境地。

守住与网友之间的边界，不是冷漠，而是保护自己的盾牌，让网络社交既能带来快乐，又不会伤害到真实生活中的你。无论对方描述的见面有多美好，都要把安全放在首位，要想到可能存在的风险。这是保护自己最重要的原则。

网络与现实的距离可能近在咫尺，也可能隔着万丈深渊，这完全取决于我们所设置的边界有多宽。

1. 明确"不见面"是你的权利，不必因为对方的热情或催促而勉强自己。越是反常的热情，越可能隐藏着致命的陷阱。

2. 警惕用"感情牌"施压的话术，比如"不见就是不信任我"，真正尊重你的朋友不会让你陷入不安。

3. 如果实在想见面，务必告知家长并让他们全程陪同，选择人多的公共场所，提前约定沟通暗号，保障安全。

直播间里的"洗脑套路"，该如何应对

隐秘日记

主人公： 军军　　　　　**性别：** ♂

2024 年 9 月 9 日　　　星期一　　　多云

　　最近，我被几个直播间吸引了。其中一个主播是一个口才很好的年轻叔叔，他每天分享国际局势和世界历史，很多观点让我感到耳目一新，他讲的和我平时在课本上学到的完全不同；还有个大姐姐，长得非常漂亮，她总是用非常夸张的表情和动作吸引别人的注意。有很多和我同龄的学生也在关注她。我不太懂，但是觉得很有趣，每天都要看上一会儿呢。

情境解码

网络世界如同一片信息的汪洋,看似自由开阔,实则暗流涌动。在这片虚拟的空间里,一些不良思想正披着诱人的外衣悄然渗透进来。鼓吹分裂、煽动对立、扭曲价值观的文化入侵内容,就像无形的毒瘤,一旦被青少年不加分辨地吸收,对思想的侵蚀丝毫不亚于肉体和精神上的伤害。

建立网络空间的边界,是守护思想健康的关键防线。我们要学会对信息进行过滤,面对极端的观点和煽动性的内容时,要保持清醒的头脑,不盲目地相信和传播。遇到宣扬分裂、制造对立的言论,要坚决抵制,就像关上一扇危险的门。同时,要给自己的关注对象划定"安全区",多关注积极正向的内容,主动远离不良信息的污染。

该怎么办

只要做到以下几点,就能防范大多数不良思想的"洗脑":

1. 对于网络上出现的新鲜事物,一定要做到"不模仿""不猎奇",不要跟风做那些不符合自己年龄的事情。

2. 不过早接触短视频和网络,不浏览导向不良的网站,多做运动和阅读,让自己开阔眼界,就是在增强"精神抵抗力"。

3. 及时和家长、老师分享自己在网上的见闻,让他们能够及时发现隐藏在我们身边的隐患。

惊！同学群里的分享也会变成陷阱

隐秘日记

主人公：晓东　　　　　　性别：♂

2024年7月17日　　　　　星期三　　　　　小雨

今天班级群突然"炸开锅"了，小文发了个链接，说点进去能领游戏皮肤。我兴奋得手指都快戳到屏幕了，赶紧转发给表弟，有好事怎么能不想着他呢！

刚要点击，妈妈凑过来看见了，赶忙制止了我。爸爸也直接拿起手机，给我看新闻里"点击链接导致银行卡被盗"的案例。晚上翻聊天记录，发现班主任也提醒了："小文的账号被盗了，不明链接别点，保护个人信息安全！"

幸亏有爸妈的提醒，不然我和表弟说不定就成为受害者了。

情境解码

在网络与现实之间，看似无形的边界，实则是守护安全的重要防线。网络骗局之所以屡试不爽，正是利用了人们模糊这一边界的心理漏洞。诈骗分子深谙人性的弱点，以"免费""血赚"等诱人的话术为诱饵，再通过制造倒计时、仅剩最后名额等虚假的紧迫感，诱使人们在冲动中跨越安全边界，最终上当受骗。

增强网络与现实的边界意识，需要我们时刻保持清醒：面对网络中的"馅儿饼"，先在心里画一道红线，问问自己"现实中真有这样的好事吗"；遇到要求转账和透露隐私的情况，立刻回归现实逻辑的判断。

该怎么办

遇到下面的情况需要特别警惕：

1. 遇到包含各种诱惑性字眼和陌生链接的短信、邮件、聊天儿内容，可能是关于游戏、影视资源及优惠券、奖品等信息的。

2. 声称是国家政府、机关、知名企业、银行客服等机构的人员，引导你点击链接，处理异常事件。

3. 莫名其妙地收到网络平台或游戏客服的电话或信息，要求你转账、充值、参加视频会议；或者发送链接，要求你点击等。

网友询问家庭信息，这合理吗

隐秘日记

主人公：晨晨　　　　　性别：♀

2024年4月30日　　　　星期二　　　　　晴

　　今天遇到一件让人感到后怕的事。网上认识的"姐姐"突然问我："你家住在哪个小区？我猜肯定是高档小区吧。"我刚想回答，又想起老师说过不能随便透露家庭信息，于是含糊地说"在学校附近"。她又问："你妈妈是不是在医院上班哪？看你朋友圈发过类似的照片。"我心里一惊，赶紧把那条朋友圈设为了私密信息。

　　小姐姐还想聊下去，我找借口说要写作业就下线了。睡前我跟妈妈说了这事，她夸我警惕性强，还告诉我，以后和网友聊天儿，一定要提高警惕。

情境解码

网络世界像一片充满诱惑的森林，看似新奇有趣，却可能在不经意间让我们暴露真实生活的痕迹。当我们沉浸在聊天儿的快乐中时，一些别有用心的"好友"正打着关心的旗号，用甜言蜜语编织陷阱。他们看似随意地向你询问学校名称、家庭住址，或是以各种理由打听家长的联系方式，这些看似平常的问题，实则是伸向个人隐私的"黑手"。

一旦你放松警惕，骗子就能通过这些碎片化的信息，拼凑出你的生活全貌。从电话骚扰到身份冒用，从隐私泄露到人身安全威胁，每一个疏忽都可能带来严重后果。网络社交中的"安全边界"决不容许跨越。

该怎么办

喜欢打探别人的隐私的人，都有以下这些特征：

1. 他们很殷勤，最喜欢"死缠烂打"，还特别喜欢说花言巧语，让你误以为他们很关心你，从而放松警惕。

2. 他们还特别关注小朋友们的行程计划，甚至你朋友圈里的图片。通过这些信息，他们有可能发现你的"秘密"。

3. 要格外注意引导自己扫码和填写有奖调查问卷的人，那可能是含有木马病毒的链接或者套取隐私信息的工具，所以也要格外当心！

网友借钱，如何识破骗局

隐秘日记

主人公： 贝贝　　　　**性别：** ♂

2024 年 11 月 12 日　　　星期二　　　　晴

　　今天有一件特别奇怪的事情，一个平时不怎么联系的网友，突然给我发了一条求助信息。他说自己正在外地旅行，钱包被人偷了，他很着急，想跟我借点儿钱买票回家。

　　我询问了一些情况，但是总感觉他的回答含含糊糊，还不断地催我转账。我是个小学生，哪来那么多钱哪？后来，他说我不够朋友，要和我绝交，我左想右想就去找爸爸求助。爸爸神情严肃地告诉我，那个人肯定是骗子，叫我不要理会他。虽然我始终对网友的话将信将疑，但有难不帮真的好吗？爸爸为什么能断定他就是骗子呢？

情境解码

当网友突然称家里有急事,求你借点儿零花钱;或是网络主播用夸张的语气喊着"刷礼物就能进专属粉丝群""最后一波福利,错过再等一年"……你要冷静下来,别被这些话牵着走。

网友根本不认识你,就开口向你借钱,那只是想借机骗取钱财而已;主播营造的紧迫感,也只是为了让你冲动消费。真正的友谊不会靠金钱来维系;真诚的分享,更不会用礼物的多少来衡量。不要轻易借钱给陌生网友,不盲目地为虚拟的礼物掏空钱包,守护好自己和家人的财产,保护好心理防线。

该怎么办

当有人在网络上提出借款或刷礼物等与财物有关的要求时,你最好这样回答:

1. 明确告知对方:"我不认识你,不可以给你转钱。"让对方知道你的态度,让其知难而退。

2. 运用角色互换式的回复,你可以说:"我的零花钱也不够,我还想和你借点儿呢,哪有钱借给你呀?"

3. 如果你怕伤害感情,就试一试转移话题。假如对方仍旧不知趣地纠缠,多半是有问题,可以选择直接下线或者将对方拉入黑名单。

第七章

社交进阶
——建立正确的性别认知

男生、女生该怎样保持距离

隐秘日记

主人公：晴晴　　　　　性别：♀

2024年5月6日　　　　星期一　　　　晴

　　今天，老师给我们上了一堂特别的课，叫"青春期教育课"。我真的学到了很多，原来，男生和女生有这么多的不同。

　　老师还说，青春期的男生和女生正处在身体发育趋向成熟的时期，他们对未知的世界充满了好奇和渴望，也很容易冲动。她还告诉我们，处在这个时期的青少年，要和异性保持适当的距离，同时又要和谐相处。原本我们对性别的理解很模糊，觉得大家都是好朋友，还经常拉着手一起上下学。现在，为什么要保持距离呢？到底怎样才算保持距离呢？又要怎么和谐相处呢？

情境解码

处于青春期的你,身体和心理都在快速地发生着变化,和异性保持适当的距离,是为了互相尊重和更好地保护自己。比如,避免单独去封闭的空间,不随意触碰对方的身体,不谈论过于敏感的话题。青春期情绪敏感,一旦关系处理不好,容易陷入苦恼的情绪,从而影响生活和学业。

正常的同学交往可以大方自然地进行,比如一起讨论习题、参加集体活动。保持距离是为了让青春期的成长之路更平稳,让友谊更加健康长久。

该怎么办

青春期的男孩儿、女孩儿们该如何保持距离,才能既不过分亲密,又不太过疏远呢?

1. 尽量不单独去对方家里、封闭的咖啡馆或偏僻的角落。如果需要讨论作业,选择学校图书馆或商场的公共区域。

2. 除非对方主动倾诉,否则不追问家庭矛盾、感情史、身体变化等私人问题。多分享学习经验、兴趣爱好或社会新闻。

3. 避免亲密的肢体接触,不把感情寄托在异性同学的身上。与异性同学相处要记住一个原则:自然不等于随便,尊重不等于疏远,理性地对待矛盾,冷静而谨慎地沟通。

被说"娘娘腔""女汉子"，如何反击语言暴力

隐秘日记

主人公： 露露　　　　**性别：** ♀

2024 年 12 月 24 日　　　星期二　　　阴

今天上体育课，我跑完 800 米后坐在台阶上擦汗，突然听见后排有几个男生小声地嘀咕："露露跑得真快，简直就是个女汉子。"虽然他们的声音不大，但句句像针一样扎心。我突然觉得浑身不自在，为什么他们要这样评价我呢？

放学的路上，我沮丧地对好朋友说了这件事。她却歪着头反问我："难道穿裙子、跑得慢、轻声细语的才叫女生吗？"听完这句话，我会心地笑了。我喜欢体育课上尽情流汗的自己，喜欢大大方方地和男生讨论数学题的自己。下一次再被我听到"女汉子"三个字，我一定会毫不犹豫地反击！

情境解码

要知道，男生和女生在生理结构上的差异是客观存在的，比如青春期的第二性征发育：男生声音变粗、长出胡须，女生乳房发育、月经初潮等。这些变化不是"奇怪"或"羞耻"的，而是生命自然演化的生理表征。

虽然社会对不同的性别有一些常规的期待，比如男生会被鼓励勇敢担当，女生常被期待温柔细心。但实际上，男生也可以细腻地照顾家人，女生也能勇敢地挑战极限运动，这并不代表说话温柔的男生就是"娘娘腔"，做事果断的女生就是"女汉子"。这是一种偏见，也是对性别认识的扭曲。

该怎么办

面对"女汉子""娘娘腔"这种带有偏见的称呼，回应时不必激化矛盾，而是可以清晰地表达自己的态度：

1. 可以大声地问对方："你告诉我，一个人的价值是由性别决定的，还是由努力和品格决定的？"

2. 可以微笑着和他说："那我至少在人生中拥有不同的体验，这应该算'跨界'了吧？看来我比你幸运！"

3. 也可以利用逻辑漏洞反问对方："男生必须坚强、女生必须文静，照你的逻辑看，那这世界上还有女运动员和男老师吗？"

喜欢和异性玩就是早恋？那是偏见

隐秘日记

主人公： 晨晨　　　　**性别：** ♂

2024 年 5 月 8 日　　　星期三　　　晴

最近我觉得很苦恼，我和小雪明明就是关系要好的同学，可不知道怎么回事，班上突然就传出我们早恋的谣言。

只要我们一靠近，周围就会传来同学的窃窃私语和不怀好意的笑声。

我心里又气又委屈，难道男女同学关系好，就代表是早恋吗？我想找那些造谣的同学理论，又害怕会让事情变得更糟。我好希望这场莫名其妙的风波能快点儿过去！

情境解码

处于青春期的男孩儿、女孩儿，思维方式变得愈加成熟和复杂，更容易产生这样的联想。很多人会把男生、女生间的关系简单地定性为两种：要么是保持距离的普通同学，要么是恋爱关系，却忽略了还有纯粹的友谊的可能。

青春期的男生和女生对异性产生好奇很正常，一起学习、玩耍的异性同学，也可以是彼此成长路上的伙伴。当你遇到"早恋"的流言蜚语时，除了要用正确的心态面对以外，还要学会把握和异性接触的尺度，不要因此而打乱了学习的节奏。

该怎么办

面对"早恋"的传闻时，冷静地处理既能保护自己，也能避免误会升级。

1. 不要过度自责，仔细地回忆和分析过往的行为，积极地调整和异性同学的相处方式，尽快让学习和生活回归正轨。

2. 遇到散播"早恋"传闻的同学，在正常解释无效的情况下可以反问对方："你为什么这么关注我们的关系？我们只是好朋友，我看你才是别有用心。"

3. 假如被老师或家长误解，可以严肃、诚恳地展开沟通，说明实际情况，这样更有利于澄清误会，切不可冲动行事。

面对异性表白，教你"不伤人拒绝法"

隐秘日记

主人公： 瑶瑶　　　　**性别：** ♀

2024年2月14日　　　　星期三　　　　雪

　　今天是西方的情人节，是个浪漫的日子，但我却怎么也开心不起来。一大早，我就接到了一个男同学的电话，他约我9点钟在楼下的公园见面。我本以为他是为了寒假作业的事情找我探讨，因为平时他就经常问我问题。可是，当我到了那里，他竟然拿着玫瑰花，说他喜欢我。

　　我当时真的吓了一跳，我一直把他当朋友看待，从来没有往那方面想过。我一时也不知道该怎么答复他，转头就跑回家了。

情境解码

当收到异性同学的表白时,先别急着慌乱或焦虑,这其实是成长路上一个特别的"小插曲"。要以平和的心态接纳这份情感,对方愿意向你袒露心意,说明你身上有独特的闪光点,值得被欣赏和喜欢,这本身就是一件值得肯定的事。

但同时,你也要清醒地认识到:青春期的情感萌动像夏日的风,来得热烈却可能不够成熟。想想现阶段的主要目标,更要反思一下日常的接触中是否有让对方误解的地方。

面对表白,坦诚沟通是关键。不管用什么方式拒绝,都要用尊重的态度回应,避免让对方因为难堪而受到伤害。

该怎么办

拒绝异性的表白是一门学问,想不伤害彼此的友谊,可以试试下面的方法:

1. 你可以说:"真心感谢你的认可,如果是真心喜欢,那就请尊重我的选择。现在我们的目标是学习,感情的事可以留到以后再说,你觉得呢?"

2. 也可以说:"你的用心真的让我很感动。在我心里你是我最好的朋友,我不想破坏这份友谊。"

3. 或者可以这样回答:"我觉得我们不如做一个约定,未来在××大学见。假如我们真的有缘分,到那时我再回答你的问题。"

最典型的区别对待
——"女生必须让着男生"

隐秘日记

主人公： 珍珍　　　　　**性别：** ♀

2024年9月13日　　　星期五　　　　晴

　　今天我真是超级生气。大家都在排队打饭，小虎却在众目睽睽之下插队，还一副理直气壮的样子。被插队的女生与他理论，他却毫不在乎地说："男生饭量大，就应该让男生先打饭。"

　　发生这样的事已经不是头一次了。上次去图书馆看书，明明是我先找到了那本历史书，却被他一把抢走了，口中还不停地说他的那套大道理："女生看不懂，应该让男生看。"

　　连老师都说男女是平等的，凭什么女生就应该让着男生？

情境解码

真正的相处不是按性别划分谁该让步，尊重与平等才是人际交往的基础。当女生被要求无原则地让着男生，就是在被迫放弃自己的需求与感受，模糊了人际交往的边界。长期接受这种观念，会让女性逐渐丧失维护自我权益的意识和勇气。真正的边界应是尊重彼此的权利，不将性别作为要求对方退让的理由，只有摒弃这类偏见，才能实现真正平等、健康的人际互动。

要记得，无论男生还是女生，都有拒绝和争取的权利。公平地享受社会资源，尊重自己的感受，才是对自己和他人真正的尊重。

该怎么办

对待那些霸道的男同学，优雅地反击是最好的武器：

1. 采用逻辑延伸法，你可以这样反击："你说得没错，既然事事都要男生优先，那以后班里的活儿你们也都包了吧？"

2. 运用例证反驳法，你可以这么说："那为什么上次那道难题，却是女生最先解出来的？怎么不是男生优先呢？"

3. 或者使用反问法，这样表达："学校只规定要按先后顺序排队，好像没有规定男生必须优先吧？是你自己定的规矩吗？"

第八章

风险应对
——来自陌生人的危机

被陌生人跟踪，几招儿摆脱危险

隐秘日记

主人公：露露　　　　　性别：♀

2025 年 3 月 22 日　　　星期六　　　　晴

　　今天的经历真是把我吓得不轻。本来约了好友去商场买文具，分手之后，我想一个人再溜达一会儿。可没走多大一会儿，我就发现身后有个人一直跟着我。他故意放慢脚步，时而低头玩手机，时而假装看橱窗里的商品，可当我每次回头时，都能对上他躲闪的眼神。

　　就在我不知所措的时候，突然想起安全教育课上老师教给我们的方法。镇静下来之后，我按照老师教的方法试了试，果然七拐八拐地就把那个人甩掉了。

情境解码

如果在外面发现被人跟踪，记住，最重要的是保持冷静，然后往人多的地方走，比如商场、便利店、警察局或学校，这些地方有很多大人可以帮助你。如果附近有保安、警察或带孩子的家长，大胆地向他们求助，清楚地说出"我被人跟踪了"。也可以像在课堂上回答问题一样，大声喊出："我不认识你！别跟着我！"引起周围人的注意。

平时出门，要提前和爸爸妈妈说好路线，尽量和小伙伴结伴而行，不要去偏僻、人少的地方。其实，在遇到危险时，任何保护自己的方法都不一定会成功，让自己远离险境的最好办法就是不要单独出门！

该怎么办？

在外被陌生人跟踪，要想方设法地用智慧去化解：

1. 和家长约定安全暗号，可以是暗语，也可以是手势等。在遭到胁迫时，可以悄悄地请求可靠的人将暗语转述给家长。

2. 假如遇到可以信任的人，可以暗示对方自己有危险，示意对方配合。可以亲密地喊对方妈妈（爸爸），等到了安全的地方，再联系家长或老师请求援助。

3. "SOS"是国际求救信号，可以用文字、声音、动作或灯光来表现，节奏是"三短－三长－三短"。

公园被要求帮忙拍照，有没有"猫儿腻"

隐秘日记

主人公：晓东　　　　**性别**：♂

2024 年 6 月 16 日　　　星期日　　　　晴

　　今天，我在公园玩耍时，遇到了一对年轻夫妇，他们的穿着看上去很时髦的样子。一开始，他们坐在不远处，看到我后二人窃窃私语了一阵，便朝我走过来。那个叔叔有礼貌地问我："小朋友，你能不能帮我跟阿姨拍个合影呢？"我答应了。可是当我拿过相机之后就感觉不太对劲儿，他们说要到偏僻的小路上去拍照，还说那里人少，景色好。我想了想就把相机还给了他们，果断地拒绝了。现在回想起来，假如我答应了，会不会遇到危险呢？

情境解码

在正常情况下，陌生人请小朋友帮忙拍照并没有什么风险。但在有些情况下可能暗藏危险，需要我们谨慎提防。一是诱骗的风险，有人以拍照为由，哄骗小朋友前往人少的地方，从而实施伤害；二是安全威胁，拍照时，陌生人可能趁机抢夺财物，甚至强行带走小朋友。

面对这种情况，小朋友要保持冷静，时刻将自身安全放在首位。直接坚定地说"不"，然后迅速离开现场。如果对方纠缠不休，要立即跑到人多的公共场所，向警察、保安或带孩子的家长寻求帮助，清晰地说明情况。记住，拒绝陌生人不合理的要求，保护好自己，才是最重要的事。

该怎么办

假如有陌生人要求你帮忙拍照，可以从这些地方看出端倪，分析里面是否有"猫儿腻"：

1. 如果对方要求换地方，或者故意拖延时间，要果断地拒绝并赶紧离开。

2. 如果对方在拍照后还有其他要求，就要格外小心，比如索要联系方式、打听家庭信息等，这时也要果断地拒绝并尽快远离。

3. 假如对方要求一起拍照，或者将镜头对准你，也不要答应，必须马上转身离开，寻求家长的帮助。

遇到奇怪的"哥哥（姐姐）"，怎样做才最安全

隐秘日记

主人公： 豆豆　　　　　**性别：** ♂

2024 年 7 月 21 日　　　　星期日　　　　晴

　　今天我在小区里玩时遇到一个哥哥，他们蹲下来问我："小朋友，你要不要吃这个糖？可好吃啦！"我没接，因为妈妈说过不能要陌生人给的东西。

　　哥哥又问："我带你去游戏厅玩好不好？"我摇摇头，假装看了眼手表："我奶奶该来接我了！"说完我就往单元楼走了，眼睛偷偷往后看，发现他们站在原地没动，就不自觉地加快了脚步。直到进了电梯，我的心才平静下来。

情境解码

一个人的真实想法往往会透过言行不自觉地流露出来。比如，有些人说话总带着贬低和嘲讽，做事只考虑自己，不顾及他人的感受，这种不注重言行举止的表现往往反映出他们缺乏基本的道德与修养。

当面对陌生人的搭讪，特别是当陌生人给自己递东西时，由于不清楚对方的意图，你一定要保持警惕。虽然穿着怪异的人不一定就是坏人，但谨慎小心是保护自己的最佳态度。有些人的穿着与普通人并没有什么区别，但从其行为上一定能捕捉到蛛丝马迹。他们都会采用诱惑的伎俩，引起小朋友的好奇心，这时就需要提高警惕，避免上当受骗。

该怎么办？

遇到这些奇怪的"哥哥姐姐"，你一定要当心：

1. 如果他们的言行中有诱惑或引逗的意味，就要提高警惕。比如用物品、钱财等作为哄骗方式，让你跟着他们走。

2. 衣着夸张、语言粗俗、行为举止过分亲密的人，要多加留意，这种人往往会给人难以靠近的感觉，还是远离为妙。

3. 遇到对小朋友格外感兴趣，表现得过分热情的人，一定要与之保持距离，注意防止被猥亵或被套取隐私信息。

独自在家遇陌生人敲门，回应很关键

隐秘日记

主人公：豆豆　　　　　性别：♂

2024年6月1日　　　　星期六　　　　晴

今天是六一儿童节，可惜爸爸妈妈还要加班，只有我自己在家。中午突然有人来敲门，敲门声很急促，吓了我一跳。我隔着门问："是谁呀？"门外传来一个中年叔叔的声音，他说他是爸爸的同事，来接我去爸爸的单位。我一听就知道对方在撒谎，因为我刚刚才和爸爸通了电话，他说会早些回来，怎么会让人来接我呢？当时我真的吓坏了，连忙冲屋里喊了一声："奶奶，有个叔叔说爸爸让人来接我！"那个人听到之后就走开了。真是好惊险！

情境解码

有些坏人会用很"狡猾"的手段骗取小朋友的信任。他们常常假装是爸爸妈妈的朋友,张口就以"你妈妈让我来接你""你爸爸让我给你带零食"等话术,骗取小朋友的信任。还有的人故意编造紧急情况吓唬你,比如:"你妈妈摔倒了,在医院救治,快跟我去!"让人一着急,就放松了警惕。更糟糕的是,他们还有可能知道你家小区的名字、爸爸妈妈的职业这些零碎信息,装作和你很熟悉的样子,其实都是用来骗人的"烟雾弹"。

还有些时候,坏人也会假借外卖员、快递员的身份,骗我们打开房门。假如没有防范意识,盲目地信任他们,很容易给自己带来无法估量的危险。

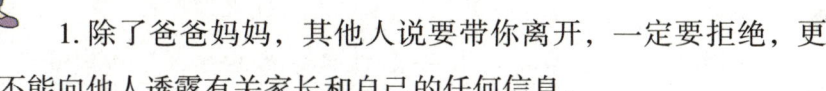

该怎么办

独自在家时,你需要做到以下几点:

1. 除了爸爸妈妈,其他人说要带你离开,一定要拒绝,更不能向他人透露有关家长和自己的任何信息。

2. 哪怕是见过的叔叔阿姨,未和父母核实过情况,也不可以开门,更不能跟他(她)走。

3. 要是有人威胁你"不听话就告诉你爸妈",别害怕!比起被骗走的危险,被爸爸妈妈批评根本不算什么。保护好自己的安全,才是最让爸爸妈妈放心的事!

公交车上被故意挤碰，大声抗议对吗

隐秘日记

主人公：晴晴　　　　性别：♀

2024年8月8日　　　　星期四　　　　晴

今天坐公交车回家时，我遇到一件让我害怕的事。车上人很多，我站在扶手旁，旁边有个穿黑衣服的叔叔总往我这边挤。我往旁边躲了躲，他却又凑过来。

这时，坐在前排的长头发姐姐突然站起来，对我说："妹妹，来站到我这儿吧。"然后她转向那个叔叔，大声警告了那个叔叔。那个叔叔脸一下子红了，嘟囔着"我没挤"，然后快步走到车厢的另一头。

今天真是多亏了这位热心的姐姐，让我知道遇到不舒服的事一定要勇敢地说出来！

情境解码

你知道吗？在公交车或地铁里，看似只是"挤一挤"的行为，却有可能遭受了身体的侵犯。这种伤害不仅是身体上的，更会在心灵上留下长期的阴影：你可能因此而产生恐惧、自卑、噩梦等心理创伤，影响未来情感的成熟和人格的健全发展。

勇敢曝光此类行为、及时寻求帮助，是非常有必要的。这能让加害者受到舆论的谴责或法律的制裁，避免更多的未成年人受害。更重要的是，勇敢地说出来能加强"被伤害不是我的错"的意识，能避免因羞耻感而陷入自我怀疑和否定。

当我们懂得用勇气和智慧保护自己，人人对侵害都能"零容忍"时，才能共同织就一张守护童年的安全网，让每个未成年人都能在阳光下安心成长。

该怎么办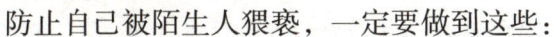

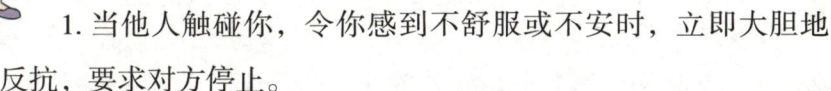

防止自己被陌生人猥亵，一定要做到这些：

1. 当他人触碰你，令你感到不舒服或不安时，立即大胆地反抗，要求对方停止。

2. 结伴而行，尽量在安全的路线行走，避开荒僻和陌生的地方，随时与家长联系。

3. 必要时寻求司机、售票员和其他乘客等的帮助，注意保护和收集证据，比如拍照、录像、录音等。

迷路时该相信"热心路人"吗

隐秘日记

主人公：松松　　　　性别：♂

2025 年 3 月 2 日　　星期日　　　　晴

　　今天放学和同学分开后，我本想自己走回家，结果拐错了路口，路越走越陌生。天渐渐黑了，我心里开始发慌。这时，一个穿黑色夹克的叔叔走过来，笑着说要带我去派出所。他伸手想拉我，我本能地赶紧后退了两步，这才没有被他抓住。

　　叔叔又说他有个和我差不多大的儿子，让我放心地跟他走。可他连我上几年级都没问，却一直催我跟他走。我假装找电话手表，偷偷按了爸爸的快捷拨号。电话接通后，我大声地"告诉"了爸爸我的位置，那个叔叔脸色一变，嘟囔着快步走开了。

情境解码

陌生人对你表现得过分热情，可能是另有目的，一定要对此保持警惕。有些人专门和女生、老人、孩子等弱势群体搭讪，这类人就显得更加可疑。坏人都会"做贼心虚"，所以他们的行为举止一定会表现出不自然：因为害怕暴露，眼神会东张西望；为了快速达成目的，态度和言行显得很急迫；说话可能吞吞吐吐，也可能语速很快；紧张可能会导致动作僵硬。一些心理素质好的不法之徒也可能很会伪装，但你一定要记住：对恶意或过度让自己不舒服的行为，应当果断拒绝，这样才能保护好自己。

生命没有试错的机会，面对陌生人的热情，务必要用谨慎的态度去处理。

该怎么办

未成年人面对过分热情的陌生人，要记住"三不原则"和"三要技巧"，既不激化矛盾，又能保护自己：

1. 过分热情，强行为你提供帮助的人，不要回应，要尽快远离。

2. 催促你跟他走，又不肯说明目的的人，不要跟着他，要尽快逃离。

3. 眼神飘忽、言行不一、语速很快的人很是可疑，不要纠缠，要尽快到安全场所去寻求帮助。

被陌生人摸头，需要警惕吗

隐秘日记

主人公：小能　　　　　性别：♂

2024 年 7 月 22 日　　　　星期一　　　　阴

　　今天放学后我在小区里玩，一个穿蓝色外套的叔叔突然走过来，笑着伸手说："小朋友真可爱！"说着就想用手摸我的头。我正不知道怎么办时，妈妈从旁边的超市出来了。

　　"你干什么？"妈妈快步走过来，把我拉到身后。叔叔尴尬地说："逗孩子玩呢，别这么激动。"妈妈盯着他说："未经允许就摸孩子？"那个叔叔只好灰溜溜地走了。

　　妈妈蹲下来问我有没有受伤，她和我讲了一遍"安全距离"的重要性，还嘱咐我道："不管是谁想要触碰你，你都可以大声拒绝。"我都牢牢地记在心里了。

情境解码

随意允许陌生人触碰自己,可能藏着巨大的危险。比如有的坏人会通过摸头、拉手臂、拍肩膀等方式,慢慢靠近你,然后把你带走;还有的人会通过触碰试探你有没有警惕性,如果发现你不反抗,可能会做更坏的事,你一定不能掉以轻心。

假如遇到类似的情况,要记住:你的身体只有自己、爸爸妈妈和医生才能碰,其他人不管是说"喜欢你"还是"闹着玩",都要立刻拒绝。千万不要因为害怕而被动接受,这不等于"没礼貌",而是一种保护自己的方式。

该怎么办?

被人随意触碰身体可不是"闹着玩儿的",你要这样做:

1. 不要害怕,利用身体的灵活性,第一时间躲避。在可能的情况下大声呼救,千万不要觉得丢人,这种心理可能会将自己置于危险当中。

2. 记住对方的体貌特征,关键时刻可能会派上用场。

3. 及时寻求救援,呼喊、逃跑都很有效。一定要往光线好、人多的地方逃离,最好寻找熟悉的场所,警察局、医院、超市等也是不错的选择。

第九章

情感公关
——情绪与关系管理

朋友总向我倒苦水，我快被压垮了

隐秘日记

主人公：晴晴　　　　　性别：♀

2025 年 8 月 29 日　　　星期四　　　　晴

　　最近和小梅一起放学时，她总是皱着眉头跟我讲自己的苦闷。昨天她说同学排挤她，今天又说弟弟仗着受宠欺负她。一开始我很想安慰她，可是每天听她叹气，我放学路上都变得不开心了。

　　放学后，我告诉小梅："如果你觉得很难过，我们一起找老师聊聊吧。"小梅没说话，只是低着头踢石子。我有点儿后悔，她会不会觉得我不关心她？我突然觉得压力好大。希望明天小梅能开心起来，或许会有更好的方式能帮她走出困境呢？

情境解码

帮朋友分担心事，本来是理所当然的事。但是朋友总向你倒苦水，把负面情绪一股脑儿地塞给你，时间久了，就会变成一种负担，让你觉得越来越累。偶尔的情感交流能促进彼此的友谊，但听多了，你自己也会变得心情低落，这种"情绪传染"不仅影响你的心情，严重时还会影响心理健康和身体发育。

这时候，学会建立边界很重要。就像房间要有门，能决定让谁进来、不让谁进来一样，你的情绪也需要"防护门"。因为只有先照顾好自己的心情，才能更有力量帮助朋友。记住，真正的朋友会理解你的心情，不会让你独自承受太多负面情绪。

该怎么办

该怎么避免让自己成为朋友的"情绪垃圾桶"？试试这些做法吧：

1. 学会及时识别"情绪超载"的信号。当你也觉得不开心时，或者因朋友的事而焦虑时，就说明你受到了负面情绪的干扰。

2. 拒绝朋友时可以试试引导式沟通，比如和对方说："你最近总说不开心的事，我听了也有点儿难过，我们聊聊开心的事好不好？"

3. 或许可以试试话题转移法，比如提议去做运动，或者一起逛街、游玩，都能起到一定的排解作用。

绝交后又想和好，如何重建边界

隐秘日记

主人公：芳芳　　　　性别：♀

2025年2月25日　　星期二　　　　晴

　　今天我和小琳吵架了。她又把我的彩笔借给别人不还，我忍不住说了她几句，她就生气地走了。其实我早就对她的行为感到不满了。上次她借走我的铅笔，却弄坏了；上上次她把我的秘密告诉别人……我想跟她和好，可是又怕和好后她还像以前一样，总让我受委屈。

　　放学时我偷偷地看她，发现她也在看我，眼睛红红的。回家的路上，我揣着书包带发呆：我究竟该怎么跟她表达，才能既让关系变好，又让她知道我的想法呢？

情境解码

吵架看似是友情产生了危机，实则是重建边界、深化关系的契机。朋友之间因生活习惯、性格差异而产生摩擦，本质是双方边界的碰撞；和好的过程，正是通过坦诚的沟通，重新划定清晰边界的过程。

吵架可以让被忽视的问题得到解决。当矛盾爆发时，双方真实的情绪和诉求浮出水面，这比平时的隐忍更能精准定位问题的根源。通过直面冲突，双方才能理解对方在意的点在哪里。和好时的沟通是重建规则的关键。真诚地道歉、倾听彼此的感受，并共同制定相处的规则，能让模糊的边界变得清晰。

该怎么办

快来试试"重修友谊，重建边界"的"五步法"吧！

1. 主动破冰。等双方冷静后，选择轻松的场合用温和的话语开启对话，比如聊聊共同的回忆。

2. 主动表达感受，比如"你这样做我有点儿难过"。

3. 明确规则。一起列出不能做的事和希望对方做的事，把模糊的边界变成具体的行为规则。

4. 约定方案。制订吵架应急办法，如冷静时间、和解暗号，避免矛盾升级。

5. 定期沟通。每月聊聊相处的感受，及时发现问题。

和好朋友之间，该不该有自己的"小秘密"

隐秘日记

- 主人公：聪聪　　　　　性别：♂
- 2024 年 10 月 14 日　　星期一　　　　晴
- 　　今天我和好朋友吵架了，因为他把我的小秘密告诉了别人。上周我悄悄地跟他说，我害怕打针，想想针头就会冒汗，还会晕过去。今天课间，我听见了别的同学在讨论说："你知道吗？聪聪很害怕打针哟！"他们转头看我，我的脸一下子就红了，真的好羞耻呀！
- 　　所以放学的时候，我质问他为什么把我的秘密告诉别人。他却觉得这件事没有什么大不了的，还说我小题大做。
- 　　我感觉他真不够朋友，以后什么都不和他说了！

情境解码

和朋友分享快乐很幸福，但保留一些小秘密同样重要！每个人心里都有一块"小花园"，里面可能藏着各种难以启齿的小烦恼。如果把所有的秘密都告诉朋友，无疑会把自己最软弱的一面暴露给别人，很可能会招来意想不到的麻烦。

适当地给自己留一些情感的"缓冲区"。好朋友自然会尊重你的隐私，就像你也会尊重他们的隐私一样。当朋友问你不想回答的问题时，你可以说"这个我还不想说"，好朋友是不会勉强你的，反而会说"等你想说了再告诉我"。

该怎么办？

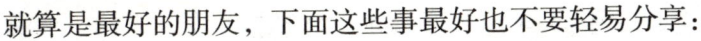

就算是最好的朋友，下面这些事最好也不要轻易分享：

1. 敏感的心事：家庭矛盾、身体及心理困扰、失败的糗事等需谨慎分享。

2. 未明确的规划与想法：人生的计划、对他人的看法、猜测等一定要有所保留。

3. 个人的情绪与矛盾：突发的负面情绪、与其他朋友的纠纷等可独自消化。

4. 拒绝他人的真实理由：用合理的借口来保护彼此的感情，避免直接暴露弱点或因否定对方而产生分歧。

被小团体排挤，这样破解"冷暴力"

隐秘日记

主人公：珍珍　　　　　**性别**：♀

2024年4月9日　　　　星期二　　　　　晴

　　今天课间，小宁突然把我拉到操场的角落，递给我好多糖果，然后神秘兮兮地说："珍珍，咱们别和月月一起玩了，她太土气了，连铅笔盒都是三年前的款式。"旁边的同学也随声附和。我不知道怎么办才好。

　　放学的路上，我看见月月独自坐在公交站台等车。我走过去坐在她旁边，把书包里的糖果分给了她一半。她的耳尖红红的，说这是今天最甜蜜的事。原来真正的甜从来不是藏在口袋里的糖果，而是愿意和你分享阳光的人哪。

　　从那一刻，我的心里已经有了决定……

情境解码

当遭到其他同学排挤时，保持独立自主是守护自我的关键。专注于自己热爱的事情，比如画画儿、读书，在擅长的领域中找到成就感。明确地告诉自己：他人的冷漠不是因为自己"不够好"，而是对方不懂得尊重和珍惜。不要因为害怕落单就委屈自己讨好别人，那样得到的可能只是变本加厉的对待。

面对冷暴力，正确的心态能帮你打破困境。被排挤不代表你有错，那些无端的冷落只是少数人的偏见。你可以把这些经历当作成长中的磨砺，学会在孤独中沉淀自己。多和友善的人交往，加入感兴趣的社团，结识志同道合的伙伴；也可以把时间留给自己，写日记、运动、听音乐，用积极的行动治愈内心。

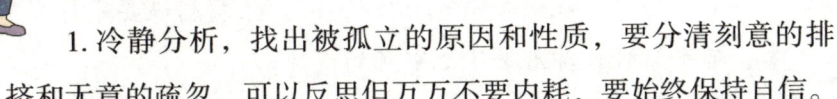

该怎么办

面对孤立和排挤，强大的内心更为重要。

1. 冷静分析，找出被孤立的原因和性质，要分清刻意的排挤和无意的疏忽，可以反思但万万不要内耗，要始终保持自信。

2. 通过"轻社交"，从小事和简单的交流入手，找到友善的朋友，融入新的圈子。

3. 积极地展示自我，不要活在别人的眼光中，你的自信会吸引同频的人。把曾经无意义的社交时间专注于强大自己，孤立就变成了你的"幸运"。

好朋友借钱物不还，如何开口讨要

隐秘日记

主人公：松松　　　　　性别：♂

2025年3月2日　　　　星期日　　　　晴

今天放学时，大大拽住我的袖子，声音低低地说："松松，上次借你的钱……明天一定还你。"他明明说要买作业本，可午休时我却看见了他刚买的卡片。

那些钱是我攒了三天的早餐钱，本来是想买新的铅笔盒的。我想发消息问大大什么时候还钱，又怕他说我小气。

放学路过文具店，我看见那个蓝色的铅笔盒还在橱窗里，阳光照在金属扣上，像一枚枚发旧的硬币。我摸了摸裤兜里仅剩的一元钱，转身走向公交车站。也许明天我该告诉大大，说话算数的朋友才值得信任。

情境解码

对于不讲诚信的朋友，掌握拒绝的技巧尤为重要。及时给自己的善良加上防护罩，保护好自己的财物和心情，也是对友谊的一种保护。如果你总担心拒绝他人会得罪人，勉强将钱借给别人，最后可能会面临感情和财物的双重损失。相信好朋友一定也会理解你的初衷，不会强人所难。

下次再遇到这种情况，记得勇敢地说"不"。如果对方借了钱没还，可以大方地提醒他（她）："上次借的钱，你方便还我吗？"别羞于开口，你的财物和对他人的信任都很珍贵，不能随便被人忽视。保护好自己的边界，才能让别人知道你的底线，也能避免产生类似的烦恼。

该怎么办

面对他人故意借钱不还，讲究说话的技巧很重要。

1. 在轻松的场合下直接提醒："上次借你的钱，你是不是忘记还了？"

2. 如果不好意思直接开口，你可以选择旁敲侧击："我想买新文具，还差一点儿钱。"

3. 别忘了设定一个归还的期限："我们说好今天还，你记得兑现承诺哟！"

"你太优秀，不适合做朋友"
——如何化解嫉妒

隐秘日记

主人公：豆豆　　　　　性别：♂

2025 年 3 月 28 日　　　星期五　　　　雨

今天的美术课上，我画的画儿被老师贴在教室后面的展示栏。课间，我主动邀请小雨一起打篮球，可他却说："我们还是不要做朋友了。你什么都好，画画儿、成绩、跑步……和你做朋友，我显得很普通。"

听到他的话，我挺伤心的。难道好朋友被肯定不是一件好事吗？如果换作是他，我一定会为他感到高兴的！既然他那么想，那我也不会勉强，毕竟我应该尊重他的感受和选择，但我还是会像对待朋友一样对待他的。

情境解码

展示优秀也应有"边界",要学会在朋友面前适度地保持低调。

被朋友疏远时,以开放包容的心态回应至关重要。有人嫉妒你,说明你身上有闪光点,值得被认可,你不必因对方的态度而自我怀疑。包容也不是无底线地妥协,而是尝试理解对方的脆弱,主动分享自己的学习经验,把竞争转化为共同进步的契机。若对方仍执意离开,你也无须强求,因为真正的友谊应建立在相互欣赏而非攀比之上。保持善意,不仅能减少自己的内耗,还能展现成熟的心态。你失去的只是不懂欣赏和珍惜你的人,要相信:前方会有更真诚的伙伴与你同行。

该怎么办

即便朋友"抛弃"了你,你也要对其保持善良。

1. 找机会平和地表达感受,引导对方说出真实的想法。

2. 大方地分享成功背后的经验,邀请对方一起努力,把嫉妒转化为共同成长的动力。

3. 避免在对方面前过度展示自己的优势,用真诚的态度减少对方的落差感。

4. 若对方依旧疏远你,不必强求,尊重彼此的边界,相信你会遇到更欣赏自己的朋友。

被人欺负了，我该不该报复回去

隐秘日记

主人公：松松　　　　性别：♂

2025年5月12日　　　星期一　　　　晴

　　有一件事我一直没敢告诉爸爸妈妈。今天上体育课，小强故意绊倒我，害我摔破了膝盖。他还笑着对旁边的同学说我像个笨企鹅，惹来了周围人一阵哄笑。我攥着裤腿站起来，眼泪在眼眶里打转。回家的路上，我摸着装在书包里的玻璃珠，回忆起一次次被他欺负的过往，心里又恨又怕。

　　我该不该趁他不注意，把玻璃珠弹到他的头上？可老师说过，报复别人只会让矛盾扩大。妈妈也讲过宽容的故事，但我还是好委屈。

情境解码

他人欺负你，本质上是对你的"底线"的试探。"底线"是什么？它是你的身体、情感和物品的"隐形防线"，就像房子的围墙，你允许什么人进入，拒绝哪些人的侵犯。当同学故意撞你的课桌、嘲笑你的弱点、强迫你做不想做的事，这都是在试探你的"围墙"的高低。

要想不被欺负，就要明确地告知他人你的底线是什么。宽容是美德，但不代表要纵容他人；讨好更换不来尊重，只会暴露你的软弱。担心"得罪人"而容忍他人伤害你，等于告诉对方："我的感受不重要。"边界模糊的人，会更容易吸引越界者。

该怎么办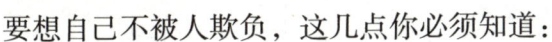

要想自己不被人欺负，这几点你必须知道：

1. 伤害不论大小，一定要大声地喝止对方，眼神坚定，如："别碰我！立刻停下！"让对方知道你不会任人欺负。

2. 若被言语侮辱或威胁，可以用手机等工具记录证据，比如伤痕和施害过程等。

3. 第一时间告诉老师、家长，详细地描述事情的经过，或在家人的帮助下向有关部门反映。

4. 尽量不单独与霸凌者接触，上下学与好友结伴而行，避免去偏僻的场所。

5. 加入社团，扩大社交圈，减少被孤立的可能性。